Der Wunderheiler

Für Joao,

der meine lebenslangen Asthmabeschwerden heilte und mir dadurch den Weg nach Hause zeigte.

Das Schreiben dieses Buches und die Verbreitung deiner Botschaft an die gesamte Menschheit war keine Arbeit, sondern ein Privileg.

Meine einzige Hoffnung ist, dass meine Fähigkeit zu schreiben, deine Fähigkeit zu heilen, rechtfertigt.

Ich bin sehr dankbar, die Möglichkeit zu haben, so viele Menschen zu diesem Gott-beschenkten Heiler zu führen – wie auch für die Stärkung ihrer Seelen und die Heilung ihrer Körper.

Robert Pellegrino-Estrich

Der Wunderheiler

Die Lebensgeschichte von Joao de Deus

Von Robert Pellegrino-Estrich

Aus dem Englischen von Mario Reinhardt

EDITION Heiler dieser Erde
Band 1

Deutsche Erstausgabe 2004
3. Auflage 2010
ISBN 978-3-89539-477-5

Michaels Verlag
Ammergauer Str. 80
86971 Peiting
info@michaelsverlag.de
www.michaelsverlag.de

Gesamtherstellung: AALEXX Buchproduktion, Großburgwedel

Für jene, die glauben,

keine Worte sind notwendig;

für jene, die nicht glauben,

keine Worte sind möglich.

Dom Inacio de Loyola

HINWEIS:

Es ist immer eine Freude für mich zu sehen, wie sich Menschen über eine zweite Chance in ihrem Leben freuen, die sie im Casa de Dom Inacio erhalten haben.
Meine einzige Bitte an jene, die dort Trost suchen, ist, dem „Haus" und seinen Leuten den Respekt zu zeigen, den sie verdienen. Sie geben aufopferungsvoll ihre Zeit, damit das „Haus" weiter existieren kann, und verdienen deinen Respekt. Sei geduldig und respektvoll – es ist ein Haus Gottes, geführt von humanitären, freiwilligen Helfern. Erwarte nichts – es ist kein öffentliches Hospital.
Habe Respekt vor diesem außergewöhnlichen Mann, der seine Zeit und seinen Körper opfert, um dir eine zweite Chance zu geben.
Seine Wesen tun nur so viel, wie sie können; auch du musst deinen Teil dazu beitragen.

Bemerkung des Autors

Während es viele „spontane" und scheinbar „wundersame" Heilungen im Casa de Dom Inacio gibt, sollte man sich trotzdem bewusst sein, dass die meisten Heilungen mehr Zeit in Anspruch nehmen – es gibt keine Möglichkeit zu wissen, wie lange eine Heilung braucht, bis sichtbare Resultate zu erkennen sind. Einige brauchen Wochen, andere einige Monate, wieder andere noch länger – und mehr als ein Besuch im Casa ist notwendig.

Die meisten Menschen, abhängig davon, wie schwer die Krankheit und wie weit sie fortgeschritten ist, reagieren positiv auf die Heilungen – einige jedoch nicht. Verlorene Gliedmaßen können nicht ersetzt werden, und in ähnlicher Form reagieren schwer degenerierte Organe (vielleicht nicht mehr) auf eine Heilung – es gibt einen Punkt, ab dem der Körper nicht mehr zur Regeneration fähig ist. Die Fähigkeit, positiv zu reagieren, hängt von vielen Dingen ab: zum Beispiel den Effekten einzunehmender Medizin, dem physischen Zustand des Körpers, spirituellem Bewusstsein und in einigen Fällen vom Karma.

WARNUNG: Riskiere nicht den langen Weg nach Brasilien, wenn du schwer krank bist, es ist nicht klug, einen dortigen Krankenhausaufenthalt zu riskieren. Stirbst du, bringt das eine unvorstellbare Belastung für deine Begleiter, für Joao und das Casa mit sich.

Ich wurde durch das Feedback von jenen Menschen reich belohnt, die eine zweite Chance im Leben im Casa de Dom Inacio bekamen. Mein einziger Wunsch ist, dass die Menschen, die Trost suchen, dem Haus und den mitfühlend ihre Zeit opfernden Menschen den Respekt entgegenbringen, den sie verdienen: ordentliche weiße Kleidung tragen (lange Hosen anstelle von kurzen). Sei geduldig und respektvoll – es ist ein Haus Gottes, das von freiwilligen Helfern unterhalten wird. Erwarte nichts und fordere nichts – es ist kein öffentliches Krankenhaus. Zeige Respekt für diesen beeindruckenden Mann, der seine Zeit und seinen Körper opfert, um dir eine zweite Chance zu geben. Die Wesenheiten tun nur so viel, wie sie können, auch du musst deinen Teil dazu beitragen.

Inhalt

VORWORT

Gedanken über unsere Herkunft und den Sinn unserer Existenz erscheinen meistens in dem kurzen Moment, bevor wir in den Zustand des Schlafes rutschen. Nachdem die Arbeit des Tages getan ist, schauen wir uns die Nachrichten im Fernsehen an und werden müde vom vielen Fernsehen. In diesem dunklen Wartezustand zwischen „Licht aus“ und dem willkommenen Schleier des Schlafes will unser Bewusstsein oft nach dem Grund unseres Seins fragen – bei mir war es so!

Ich war genauso wie du: schwer arbeitend, pflichtbewusst, ehrgeizig und – nach fünfundzwanzig Jahren mit zwölf Stunden am Tag – fühlte ich, dass ich es geschafft hatte. Als erfolgreicher Geschäftsmann und stolzer Besitzer von mehreren Schmuckgeschäften genoss ich die Früchte meiner Arbeit: ein großes Haus am Wasser, luxuriöses Apartment am Strand, Grundstücksinvestments, einen Mercedes Benz und Privatunterricht für meine zwei Söhne. Aber tief in mir fühlte ich häufig, dass das Leben einen größeren Sinn haben muss. Mit Sicherheit konnte das doch nicht alles sein, was es gibt. Und dann eines Tages, völlig unerwartet, nahm der Herr es von mir; tatsächlich war es nicht der Herr, sondern eine niedere Lebensform: ein gemeiner Dieb, der eins meiner Geschäfte ausraubte und mein materiell so wunderschönes Leben zerstörte. Als ich dasaß, in meinen leeren Laden schaute und über die Konsequenzen einer Versicherungspolice nachdachte, die die Kosten dieser Umstände nicht decken würde, warf ich einen ersten Blick darauf, wie zerbrechlich und wertlos ein rein materielles Leben wirklich ist.

In den darauf folgenden freudlosen Monaten der Konkursverwaltung wurde ich gezwungen, nach einem tieferen Sinn des Lebens zu suchen. Als meine Welt endlich wieder zur Ruhe kam und alles, was mir lieb und teuer war – Ehe, Grundstücke, Reichtum, Einkommen und am allermeisten mein Selbstwertgefühl – gegangen war, begann die Zeit, nach einem anderen Sinn des Lebens zu suchen. Ich möchte schnell noch dazu sagen, dass ich nicht die Ritualität moderner Religionen oder den eifrigen Fanatismus neuer Generationen meine. Meine Jahre des kalkulierten Geschäftslebens ließen es bislang nur zu, Tatsachen im Leben zu akzeptieren, das heißt, ich brauchte Beweise in Form eindeutiger zweifelsfreier Fakten für einen neuen Glauben. Mir wurde die Möglichkeit gegeben, aus erster Hand unwiderlegbare Beweise für die Gründe unserer Existenz zu beobachten. Dem Inhalt des Buches liegen meine persönlichen Beobachtungen zugrunde.

Die Fragen nach dem „Woher wir kommen" und dem „Wohin wir gehen" sind in unserem heutigen Drang nach finanziellem Überleben schwierig zu beantworten. In dem Tumult zwischen Aufstehen und Zubettgehen hat man nur wenig Zeit für sinnvolle Gedanken. Man braucht Zeit – ungestörte Zeit und eine ganze Menge davon. Es benötigt Einführung, Erklärung und Unterweisung auf einem Gebiet, das im Widerspruch zum Materialismus steht. Ein Materialismus, der völlig vage und unbegreiflich eine andere Welt darstellt – buchstäblich eine andere Welt.

Als physische menschliche Wesen benötigen wir Beweise, um an etwas zu glauben. So akzeptierte ich die meiste Zeit meines Lebens nur das als real, was ich sehen, essen, fühlen oder in die Registrierkasse legen konnte. Ich war der absolute Skeptiker. An diesem erinnerungswürdigen Tag im Januar 1996 als ich zum ersten Mal, zum Berühren nah und mit einer Kamera bewaffnet, auf dem Boden des Hauptsaals hockte, beobachtete ich das Geschehen haargenau und suchte ernsthaft nach der versteckten Karte, dem offensichtlichen „Set up". Was ich dann sah, erstaunte mich genau wie tausend andere, die das erste Mal hier waren. Ich sah Raul (siehe Kapitel 1) aus seinem Rollstuhl aufstehen und laufen – nach fünfzig Jahren doppelseitiger Lähmung. Immer noch benommen von dem, was ich gerade gesehen hatte, bekam meine Ungläubigkeit einen „Coup de Grace", als ich Zeuge wurde, wie einer Frau ein Tumor vom Auge entfernt wurde. Für diese Operation wurden Joao die Augen verbunden, während er nur ein Küchenmesser benutzte.

Jetzt, nachdem ich unzählige Operationen, Heilungen und Behandlungen gesehen habe, unter anderem auch die Befreiung von meinen lebenslangen Beschwerden mit chronischem Asthma, verwandle ich die Energie, die ich an Skepsis und falscher Kultiviertheit verschwendet habe, in diese einfache Chronik eines Mannes, dessen Aufopferung für die Menschheit die Kenntnisse und Auffassungen der westlichen Logik überschreiten. Wir alle brauchen Beweise als Grundlage für einen Echtheitsnachweis, aber manchmal – selbst wenn wir die Beweise sehen – finden wir es schwierig, sie zu akzeptieren, weil ihr Umfang im Gegensatz zu unserem westlichen Verständnis steht. Buchstäblich so stellt sich die Situation mit den Heilungen von Joao Teixeira da Faria dar.

Joao ist ein bescheidener Mann mit einem zweigeteilten Ziel im Leben – die Kranken zu heilen und den Menschen bewusst zu machen, dass sie hier auf Erden sind, um ihren Level auf der „anderen Seite", die Position ihrer Seele im Jenseits, durch das, was sie in ihrem physischem Leben tun, zu verbessern und zu steigern.

Obwohl er vielleicht das meist beobachtete, dokumentierte und getestete Heilmedium ist, das jemals die physische Welt betreten hat, ist es selbst für den engagiertesten Autor schwierig, eine logische Aufzeichnung seines Lebens zusammenzutragen. Informationen über sein früheres Leben gibt es nur wenig. Als Jugendlicher beschäftigte ihn das tägliche Überleben mehr als das Aufzeichnen von Daten und Geschehnissen. Selbst einfache chronologische Zusammenstellungen von Begebenheiten stellt sich als entmutigende Bemühung heraus. Außer den

Erinnerungen seiner Bekannten gibt es keine Aufzeichnungen – und die sind sehr unterschiedlich.

Joao selbst ist eine unzureichende Quelle von genauen Details, da er sich an nichts erinnert, wenn er in Verbindung mit einem der Wesen steht, und selbst wenn er keine Verbindung aufgenommen hat, ist er immer noch teilweise unter deren kontrollierter Führung. Die meisten Medien von hohem Grade sind immer auf einen Geisteslevel eingestellt, genau wie ein Fernseher, bei dem man nur den Ton abgestellt hat – sie funktionieren noch, aber ihre Aufmerksamkeit ist geteilt.

Selbst heute ist seine Arbeit eine schnelle Folge von Wundern, durchgeführt mit solch hoher Geschwindigkeit und schneller Folge, das es fast unmöglich erscheint, die Einzelheiten von einem aufzuzeichnen, bevor ein anderes passiert. Die unglaubliche Anzahl von Hilfe suchenden Menschen erlaubt nur wenig Zeit zum Erholen oder zum Sammeln von genauen Aufzeichnungen. *Er operiert und heilt mehr Menschen an einem Tag als ein großes westliches Krankenhaus in einem Monat.* Seine Mitarbeiter sind allesamt Freiwillige und nur einer von ihnen ist an zwei Tagen in der Woche damit beschäftigt, die Aufzeichnungen zu verwalten. Dass dieses Buch geschrieben werden konnte, ist selbst ein kleines Wunder: zusammengetragen aus Hunderten von Zeitungsartikeln, sorgfältig übersetzt aus dem Portugiesischen, Videos, Dokumentationen, Interviews und häufige Reisen nach Abadiania für Beobachtungen aus erster Hand.

So viel zum Thema Beweis. Wir Menschen sind seltsame Kreaturen. Manchmal sehen wir die Beweislage und anstatt die Erklärung zu akzeptieren, weisen wir sie zurück und greifen nach unserer eigenen, die sich unserem engen, begrenzten Wissen anpasst. Vorzugsweise eine Erklärung, die unser „Bewusstseinsboot" nicht zu sehr ins Schwanken bringt; eine, die keinen radikalen Umschwung in unserem Leben bewirkt, und eine, die nicht unseren Schutzwall erschüttert, der aus unserem Verstehen und unseren Vorstellungen besteht. Im Lichte der Beweise in diesem Buch gibt es keine alternative Erklärung.

Joao Teixeira da Faria ist der lebende Beweis. Er wurde getestet und examiniert von den besten wissenschaftlichen Köpfen, die dieser Planet hervorgebracht hat. Er erlaubt und heißt alle Untersuchungen willkommen, in der Hoffnung, dass sie ein Beweis für die Existenz einer spirituellen Welt und die Wichtigkeit eines korrekten Lebens in Hinsicht auf ein höheres Selbst im nächsten Leben anstelle einer „Karma-Strafe" sind.

Joao widmet sein Leben, Kranke und Unheilbare *ohne Bezahlung und ohne Vorurteil zu heilen.* Er ermutigt Videoaufnahmen seiner täglichen Arbeit und heißt Beobachtungen von jedermann willkommen; teilnehmende Ärzte sind besonders willkommen. Wenn man Joao beobachtet, wie er seine Hände über die Brust einer Frau mit einem bösartigen Krebsgeschwür führt und dann ihre Bluse hochhebt, um einen frischen Schnitt zu zeigen, der sauber vernäht ist, dann muss sich selbst der widerspenstigste Beobachter fragen: „Wer hat das getan?" Die Antwort zu dieser Frage ist verbunden mit jener, die wir uns selbst in diesen dunklen stillen Nächten stellen: „Warum sind die Dinge, wie sie sind?"

Vielleicht wird die Lebensgeschichte dieses außergewöhnlichen Mannes dir helfen, eine Antwort auf diese Fragen zu finden.

EINLEITUNG

Man könnte mit Recht behaupten, dass Joao Teixeira da Faria das stärkste zurzeit lebende Medium ist, und mit Sicherheit eines der größten in den letzten zweitausend Jahren. Das Oxford Wörterbuch definiert ein Medium folgendermaßen: Ein „Medium" ist eine Person, die *„ein spiritueller Vermittler zwischen den Lebenden und den Toten"* ist. Joao kommuniziert nicht nur mit den Geistern, er geht auch **eine** Verbindung mit den Geistwesen ein; *die Geistwesen übernehmen buchstäblich seinen Körper,* dadurch verliert er das Bewusstsein, um einige Stunden später aufzuwachen, ohne sich an irgendetwas aus dieser Zeit erinnern zu können. Die Wesen benutzen seinen Körper als ein Mittel, um physische Operationen und scheinbar wundersame Heilungen an Kranken durchzuführen. Die Wesen arbeiten durch Joao.

Seine „Gabe" ist nicht vererbt, es handelt sich weder um eine erlernte Technik noch ist sie auf andere Personen übertragbar. Im Alter von sechzehn Jahren akzeptierte er die Verantwortung eines Lebens in Verbindung mit den Geistwesen, mit dem Ziel, die Kranken zu heilen. Er billigte eine lebenslange Aufgabe, die ihm viel abverlangte und manchmal mit Misshandlungen, persönlichen Entbehrungen, Verfolgung und ungesetzlicher Verhaftung bestraft wurde. Es braucht eine moralische, gerechte, starke, aber auch demütige Person mit bedenkenloser Rechtschaffenheit. Als ob diese Einschränkungen und puritanischen Kriterien nicht schon genug wären, *muss er diesen Service auch noch kostenlos bereitstellen, da er diese Gabe sonst wieder verlieren würde.* Um die Größe seiner Gabe zu begreifen und die erstaunlichen und wahren Begebenheiten zu verstehen, die in diesem Buch nur umrissen werden können, muss man folgende Ideen – wenn auch nur zeitweilig – akzeptieren:

1. *Wir lebten alle viele Leben vor diesem Leben.* Wir sind wiedergeboren worden, und nach diesem Leben werden wir erneut in ein anderes Leben wiedergeboren. (Es gibt viele gut dokumentierte Fälle von Hypnothe-

rapeuten, die unzählige Male Menschen in ihre vergangenen Leben zurückgebracht haben. In diesem Zustand sprechen sie beispielsweise Sprachen, die ihnen völlig fremd sind, und beschreiben detailgenau Plätze und Lebensweisen von vor langer Zeit, die zum Teil durch nachfolgende Untersuchungen als richtig bewiesen werden.)

2. Das Einzige, was übrig bleibt, wenn du die physische Hülle, die wir Körper nennen, ablegst, ist das wirkliche Du – *deine Seele, dein Geist.* Diese ewige Essenz befindet sich in einem andauernden Stadium der Verbesserung oder Verschlechterung, abhängig davon, was du in jedem deiner physischen Leben tust.

3. *Der freie Wille* ist der einzige Weg, durch den das physische Du und demzufolge deine Seele die Position nach deinem Ableben verbessern kann.

4. *Karma* ist der Weg, durch den du die Schulden für deine Sünden zahlst oder für deine freie Willensentscheidung in jedem Leben zum Guten belohnt wirst. Wenn du in deinem vergangenen Leben getötet, gestohlen, gelogen oder betrogen hast, dann besteht die Möglichkeit, dass du einige Probleme oder Gebrechen im jetzigen Leben ertragen musst. Andererseits, wenn du ehrlich, rechtschaffen, fürsorglich und rücksichtsvoll gewesen bist, dann wird deine Seele aufsteigen und du wirst eine gesunde und ausgeglichene Person sein.

5. *Es gibt eine Geisterwelt!* Sie ist viel komplexer als unsere physische Welt. Sie ist viel mächtiger und entschieden schöner für jene, die sich einen Platz darin verdient haben. Sie ist multidimensional und hat vielzählige Niveaus, bestimmt für die unzähligen Entwicklungsstufen, die unsere Seele durchläuft. Über hundertfünfzig todesnahe Erfahrungen wurden durch Kenneth Ring, dem Autor von *Heading Towards Omega: In Search of the Meaning of Near-Death Experiences*, begutachtet. Alle

berichten von ähnlichen Gefühlen, Erfahrungen und Beobachtungen, die den Glauben an eine Geisterwelt bestärken.

6. *Geister, gute und schlechte, sind zu jeder Zeit bei uns.* So viele von diesen ungewöhnlichen Zwischenfällen, die wir erfahren (normalerweise, wenn wir sie uns von tiefsten Herzen wünschen), sind die Ergebnisse unserer Gedankenproduktion, die aufgenommen werden und nach denen durch unsere Führer – unsere Geistesführer – gehandelt wird. Dadurch bekommt die biblische Aussage „Frage und du sollst bekommen ...” eine neue Bedeutung.

7. Unsere Körper werden von *Energiefeldern* erzeugt und beschützt. Es gibt sieben korrespondierende Lagen, jede mit einer eigenen Dichte und Frequenz, und es gibt sieben Hauptchakras (sich drehende Wirbel). Manche Menschen können diese Lagen als Auren sehen. Wenn wir ein reines, gesundes Leben führen, dann werden wir von diesen Energiefeldern beschützt. Andererseits, wenn wir unsere Körper durch ein Übermaß an Alkohol, Drogen oder einem unsauberen Leben missbrauchen, werden diese Felder geschwächt, angegriffen und ziehen unerwünschte Verbindungen an. Krankheiten beginnen in den äußeren Lagen und die Felder verlieren ihre Resonanz (Wir fühlen uns oft einige Tage, bevor wir eigentlich krank werden, unwohl.).

Ein erstes Zeichen von Joaos Erfolg kann man an den Tausenden sehen, die jeden Mittwoch, Donnerstag und Freitag in das krankenhausähnliche Heilungszentrum strömen. Reist er umher, heilt er bis zu 25 000 Menschen in drei Tagen. Die Kranken stellen sich für Stunden, manchmal bis Mitternacht, an, um ihn zu sehen. Niemals weißt er einen zurück, der reinen Herzens ist und in guter Absicht kommt. Er ist ein frommer, Gott liebender Mensch und akzeptiert alle ohne Vorurteile und religiöse Neigung. Er heilt die Armen in derselben Art und Weise, wie er die Reichen heilt. Die Elite der Welt sucht seine Hilfe, wenn die westliche Medizin nicht mehr weiterweiß. Schauspielerinnen wie Shirley MacLaine und Janet Leigh, Staatsmänner, Politiker, Priester, Nonnen, Rabbis, die Armen und die Reichen, alle finden ihren Weg in den winzigen Ort Abadiania in Zentralbrasilien, um die Hilfe von Joao Teixeira da Faria in Anspruch zu nehmen – Joao Teixeira da Faria, in Brasilien besser bekannt als „Joao de Deus".

Ihn den „Wunderheiler" zu nennen, ist eigentlich eine falsche Bezeichnung, weil ein Wunder die Abwesenheit von natürlichen Gesetzen einbezieht. Genauer gesagt: Bei seinen Erfolgen handelt es sich nur um das Ergebnis der Gesetze der Wiedergeburt und die nachfolgende Zusammenarbeit mit Geistesärzten aus der Geisterwelt. Er wird nur als wundersam eingestuft, weil wir, in der westlichen Welt, die Existenz einer Geisterwelt in der Regel negieren. Demzufolge sind seine Taten keine Wunder, sondern die Ergebnisse genau dieser natürlichen Gesetze, denen wir mit Ablehnung begegnen.

Von den über zweihundertfünfzig freiwilligen Helfern, die ihre Zeit im Heilungszentrum verbringen und dafür sorgen, das alles seinen Gang geht, sind die meisten dankbare Empfänger eines neuen Lebens nach einer Behandlung durch Joao und seiner Wesen. Von den Ärzten als unheilbar abgestempelt, fanden sie ihren Weg nach Abadiania als letzte Möglichkeit. Unter ihnen sind Ingenieure, Doktoren, Lehrer, Arbeiter, Geschäftsleute und einfaches Volk. Menschen, die keine Klassenunterschiede zeigen, sondern in Harmonie zusammenarbeiten, um ein liebevolles und fürsorgliches Umfeld für jene zu erschaffen, die Hilfe bei Joao Teixeira da Faria suchen. Diese glücklichen Menschen legten die Einschränkungen des modernen Denkens beiseite und wagten, nach dem Unmöglichen zu greifen. Sie wurden belohnt, nicht nur mit einer zweiten Chance im Leben, sondern auch mit einem neuen Verständnis ihres Zweckes in dieser physischen Welt.

KAPITEL 1

DER MANN IM ROLLSTUHL

Der heutige Tag war ein besonderer für Raul Natal. Im Rollstuhl sitzend, der sein Gefängnis und seine Beweglichkeit in den letzten fünfzig Jahren war, wartete er gefasst und mit ein wenig Hoffnung. Er wagte nicht, seine Erwartungen zu hoch anzusetzen, da er in dieser langen Zeit schon viele Ärzte und Spezialisten aufgesucht hatte. Er wurde geröntgt, getestet, manipuliert, sondiert und medizinisch behandelt, bis die Ärzte ihn in dem Glauben aufgaben, dass er nie wieder gehen könne. Warum sollte es heute anders sein als sonst?

Raul hatte von Freunden von dem Heiler Joao Teixeira da Faria gehört.

„Er hat schon Hunderte von Kranken und Verkrüppelten geheilt. Vielleicht kann er auch dir helfen", ermutigten sie ihn.

Was hatte er zu verlieren? Und so, in einem letzten verzweifelten Versuch, nahm er die 36-stündige Busfahrt von Sao Paulo in Kauf. Eine Busfahrt, die ihn in den kleinen Ort Abadiania, hoch in den grünen Plateaus des Bundesstaats Goias in Zentralbrasilien, bringen sollte.

Es war acht Uhr fünfzehn am Morgen eines klaren Tages, gepriesen mit der kühlen Frische der Gebirgsluft. Menschen, die Hilfe suchten – es waren schon fünf- oder sechshundert –, warteten ruhig im Hauptsaal des Zentrums auf den Heiler Joao. Jeder vertieft in seine eigenen Gedanken und Hoffnungen. Von seiner Warteposition an vorderster Stelle sah Raul das Medium durch eine Seitentür eintreten. Die Hände vor dem Körper gefaltet, die Augen konzentriert. Joao nahm eine Frau mittleren Alters und lehnte sie gegen die Wand. Er durchwühlte ein Instrumententablett, das ihm ein Helfer hinhielt, wählte ein gewöhnliches Küchenmesser und begann geschickt, einen Tumor aus ihrem Auge zu kratzen. Ohne Betäubung oder Sterilisation und nur mit einem einfachen Messer schabte er auf dem Augapfel herum. Eine Prozedur, die unter normalen Umständen unerträglich schmerzhaft wäre und nicht zu reparierende Schäden zurücklassen würde, aber die Frau zeigte keinerlei äußerliches Unbehagen. Sie blieb ruhig gegen die Wand gelehnt, ohne irgendeine Reaktion zu zeigen. Seine Hand führte die Klinge geschickt vor und zurück über den Augapfel, aber seine Augen waren auf die Menge gerichtet, suchend und prüfend. Es schien, als ob jemand oder etwas anderes den Tumor entfernte.

Nach weniger als einer Minute wischte er die Klinge an ihrer Bluse sauber und rief einem Assistenten zu: „Du kannst sie wegführen, sie ist fertig." Rauls Gedanken überschlugen sich. Sein Herz raste und seine Hände fingen an zu schwitzen. Könnte es doch möglich sein nach all diesen Jahren, dass er wieder zu gehen vermag.

Ein Mann wurde aus der Menge herausgeführt und angewiesen, sich mit dem Gesicht zur Wand zu stellen. Er hatte dem Heiler erzählt, dass es ihm seit Jahren nicht möglich sei, sich ohne Schmerzen zu bücken oder zu setzen. Sanft entfernte Joao das Hemd des Mannes und mit einem Skalpell machte er einen kleinen zwei Zentimeter langen Einschnitt zwischen den Schulterblättern. Unglaublicherweise sah man kein Blut und der Mann zeigte keine Anzeichen von Schmerz.

„Heb dein Bein", sagte Joao, „jetzt beuge dich nach vorne."

Raul traute seinen Augen nicht, als der Mann sich beugte und seine Zehen berührte.

„Jetzt bücke dich", befahl der Heiler und auch das tat der Mann ohne Probleme. Die Tränen der Dankbarkeit und Erleichterung, die dem Mann übers Gesicht liefen, entgingen Raul nicht, als der Mann in den Erholungsraum geführt wurde. Rauls Erwartungen stiegen. Vielleicht würde sein Traum hier wahr werden.

Inzwischen beschäftigte sich Joao mit einer Frau, die Magenkrebs hatte. Langsam öffnete er ihre Bluse wie in Trance und schob ihren Hosenbund so tief herunter, bis der Unterleib frei lag. Von einem Tablett wählte er diesmal ein Skalpell und machte einen etwa drei Zentimeter langen Schnitt.

Wieder sah man kaum Blut und die Frau schien völlig gelassen. Er schnitt tiefer und führte zwei Finger in die Öffnung. Raul sah von seinem Platz in der ersten Reihe, wie der Heiler seine Finger wieder herauszog und einen weichen weißen Tumor in der Größe eines Golfballes hielt. Die Frau blieb völlig bewegungslos und zeigte keinerlei Unbehagen. All das, bemerkte Raul, wurde ohne Betäubung und Sterilisation getan und schien der Art und Weise der modernen Medizin, mit der er so vertraut war, zu widersprechen. Nachdem die Wunde mit einer einzigen Naht vernäht worden war, führte man die Frau in den Erholungsraum. Ein anderer Querschnittsgelähmter wurde im Rollstuhl herangefahren. Das wäre ein Hinweis, dachte Raul. Wenn dieser Mann geheilt werden würde, dann wäre auch für mich sicherlich Hoffnung. Doch als Joao den Helfern mitteilte, den Mann in den Operationsraum zu bringen, sank Rauls zerbrechliches Vertrauen auf ein schmerzhaftes Tief. Vielleicht hatte er doch zu viel erwartet. Aber jetzt blieb keine Zeit, darüber nachzudenken. Joaos Stimme brachte ihn zurück in die Realität.

„Im spirituellen Heilen ist die spirituelle Intelligenz (oder Führung) nicht nur fähig, eine genaue Diagnose der Krankheit zu stellen, sie ist auch fähig, die chemischen Substanzen, die die Krankheit verursachen, zu analysieren, hinunter zu ihren molekularen Kräften, die eine chemische Veränderung in derselben molekularen Struktur hervorbringt, zum Vorteil des Patienten."
Harry Edwards, *A Guide to the Understanding and Practice of Spirituell Healing.*

„Wie lange bist du schon gelähmt?", wollte Joao in einer tiefen, mitfühlenden Stimme wissen.

„Ich bin seit fünfzig Jahren nicht mehr gelaufen", flüsterte Raul, mehr schlecht als recht.

„Was würdest du tun, wenn Gott dir deine Beine wiedergeben würde?", fragte das Medium.

Raul war zu überwältigt, um zu antworten. Kurzzeitvertrauen kämpfte mit Jahren der Verzweiflung. In seinem Kopf drehte sich alles. Könnte es möglich sein? Warum würde er fragen, wenn es nicht so wäre? Es wäre sicherlich ein gemeiner Spaß, wenn er nicht so ernsthaft wäre. Er schaute den Heiler an, dessen Augen ihn ruhig betrachteten, während er ein selbstsicheres, fast knabenhaftes Lächeln trug. Raul wollte etwas sagen, aber er fand keine Worte. Er wusste, dass seine Gelenke von den Jahren der Unbeweglichkeit steif waren. Seine Gelenke waren verkalkt und unbeweglich und seine Muskeln verkümmert.

„Was würdest du tun, wenn Gott dir deine Beine wiedergibt?", fragte Joao nochmals.

Raul wusste nicht, was er sagen sollte. Er kämpfte immer noch mit Gründen und Logik. Eine freundliche Hand berührte seine Schulter von hinten. „Antworte ihm! Wie würdest du dich fühlen, wenn du wieder gehen könntest?", sagte einer der Assistenten.

Stotternd antwortete er: „Ich wäre ... sehr ... sehr glücklich!"

Der Heiler bückte sich nun, nahm kurz Rauls linkes Fußgelenk und Raul fühlte eine warme Welle des Lebens durch sein Bein fließen.
„Jetzt drehe es!", sagte er. Raul tat so. Es war gelähmt, so lange er sich erinnern konnte, und jetzt drehte er es. Unglaublich schaute er auf Joao, der das andere Gelenk berührte. Dasselbe warme Gefühl durchfloss sein Bein. Es schien, als würde er eines anderen Fuß sich drehen sehen. Es war unglaublich!

„Jetzt", forderte der Heiler ihn auf, „steh auf und geh!"

Raul war wie angefroren.
„Ich kann nicht!" sagte er.
„Doch, du kannst!", antwortete Joao mit großem Mitleid. „Steh auf und setze diesen Fuß vor den anderen", fügte er hinzu und zeigte dabei auf den rechten Fuß.

Mit all seiner Stärke und Willenskraft erhob sich Raul aus seinem Rollstuhl. Seine Beine hielten stand – wackelig, aber aufrecht.

Joao nahm seine Hand, um ihm einen minimalen Halt zu geben, als er seine ersten Schritte nach fünfzig Jahren machte. Sein Herz schlug so schnell, dass er Angst hatte, es könne zerspringen. Entlastung und Glückseligkeit waren zu viel für ihn und eine unkontrollierte Flut von Tränen rollte über sein Gesicht. Er konnte wieder gehen.
Sechs Monate später, im Juli 1996, konnte Raul wieder normal gehen. Er hat an Gewicht zugenommen und seine einst gelähmten Glieder sind viel stärker. Er verbringt eine Menge seiner Zeit als Assistent im Haus – er sitzt in Meditation, ermutigt die Menschen und hilft, wo immer er kann. Wenn irgendjemand ihm sagt, dass er gut aussieht, antwortet er nur: „Gracious o Deus e Joao" (Dank Gott und Joao).
Assistenten führten ihn in den Hauptoperationsraum, wo er mit etwa zwanzig anderen auf Bänken saß. Ein weiß gekleideter, freundlicher, grauhaariger Mann sprach zu ihnen über Vertrauen und Liebe und dass die Heilung nicht das wichtigste Geschenk hier sei. Ein viel größeres Geschenk wäre das Erwachen, die Erkenntnis, dass es ein Leben nach dem Tod gäbe und dieses physische Leben nur eine Möglichkeit für uns sei, unsere Seele zu verbessern und aufsteigen zu lassen. Die Heilungen wären nur eine physische Demonstration, die wir sehen und erleben könnten. Es sei wichtig, sich vor Augen zu halten, dass die Wunder der Geistwesen, die das Medium Joao Teixeira da Faria als ein Mittel

benutzten, um ihre Arbeit zu tun, vollbracht würden. Raul hörte zu, und es wurde ihm klar, dass sein Leben von jetzt an nicht nur aktiver, sondern auch sinnvoller werden würde. Er wurde geheilt von den Wesen und einem Mann, der als „Joao de Deus" bekannt ist.

KAPITEL 2

DAS HAUS DOM INACIO

Sie kommen zu Tausenden: die Kranken, die Gelähmten, die Unheilbaren und die medizinisch Aufgegebenen; nehmen lange internationale Flüge und zermürbende 35-stündige Busfahrten in Kauf, um zu einer kleinen Ortschaft hoch in den Plateaus von Goias in Brasilien zu gelangen. Die ganze Nacht hindurch kommen die Busse an. Fünf Uhr morgens ist es ruhig. Bodennebel bedeckt die kleine Ortschaft Abadiania, die entstand, um diese Vielzahl von Pilgern zu versorgen. Menschen sitzen außerhalb der einfachen Behausungen und sprechen leise miteinander. Es gibt nicht genug Zimmer, alle unterzubringen, sodass viele in Autos und Bussen schlafen oder einfach auf das Morgengrauen warten. Die Pensionen vergeben kostenlos Kaffee an die erschöpften Reisenden, die in ständig neuen Bussen eintreffen.

Einhundert Meter weiter entlang der Straße liegt der Komplex weißer Gebäude noch in Dunkelheit und Stille. Ein Kaleidoskop von Sternen formt ein dichtes Dach über dem Mekka der letzten Hoffnung: ein Platz, den man „das Haus Dom Inacio" nennt. Die Dämmerung wird für viele Menschen neues Licht und neue Hoffnung auf ein Leben ohne Schmerz und ohne Krankheit bringen.

Das Heilungszentrum öffnet um acht Uhr. Die Kranken versammeln sich, um ihre Nummer in der Warteschlange zu erhalten, während Kameraleute bereits ihre Ausrüstung für die Aufnahmen der heutigen Aktivitäten vorbereiten. Irgendwo in einem nicht gekennzeichneten Raum ruht sich Joao aus, meditiert alleine und bereitet sich auf einen neuerlichen Tag des Heilens vor. Er wird so lange arbeiten, bis der letzte Patient versorgt ist, und das kann manchmal bis tief in die Nacht dauern. Er liegt auf einem einfachen Sofa in einem halb dunklen Zimmer, über sich die Bilder einiger seiner Wesenheiten, unter anderem Dom Inacio, Jesus Christus und die heilige Jungfrau. An der angrenzenden Wand hängen hundert oder mehr Zertifikate der Danksagung, Orden der Regierung und Ehrentitel, die er von dankbaren Persönlichkeiten, Regierungen und Institutionen bekommen hat. Darunter auch eine Ehrenmedaille des Präsidenten von Peru, in Dankbarkeit für die Heilung seines Sohnes. Die schlechten Möbel spiegeln die Einfachheit des Mannes wider, den die Menschen „Joao de Deus" nennen.

Das Zentrum erinnert an ein kleines, in hellem Weiß gestrichenes Hospital mit einem blauen Band vom Boden bis in etwa Hüfthöhe. Dieser Entwurf wurde Joao durch seine Hauptwesenheit, Dom Inacio, mitgeteilt. Ihn suchte eine Vision heim, als er durch ein kleines Tal in der Nähe wanderte. Das Zentrum, das liebevoll nur „Das Haus" genannt wird, ist bekannt geworden durch dieses Wesen und in Brasilien als Casa de Dom Inacio (Das Haus von Dom Inacio) berühmt.

Die Wahl der Lage hing von vielen Dingen ab. Es ist zum einen die natürliche Energie in diesem Teil Brasiliens, die Ruhe und der Frieden, und zum anderen, weil es ein sehr reichhaltiges Quarzvorkommen gibt, das auch eine große Quelle kraftvoller Energie spendet. Tief unten gibt es eine natürliche Quelle, die einen kleinen entfernten Wasserfall speist. In dieser natürlichen Schönheit wachsen viele Kräuter, die notwendig für die Heilmittel sind, die von den Wesenheiten verschrieben werden. Auf einem Hochplateau gelegen, überschaut es die üppigen, ausgedehnten Hügel von Goias – ein therapeutischer Anblick für sich allein.

Der Standort ist eine Stelle von immenser Energie – die zu verstehen, fast jenseits unseres physischen Verständnisses liegt. Die beste Erklärung kommt von einem Geist namens Seth und aus Informationen, die Jane Roberts in den 70er Jahren erfuhr. In ihrem Buch „*Seth speaks. The Eternal Validity of the Soul*" schreibt sie: „Es gibt wichtige koordinierte

Punkte, Quellen fantastischer Energie, welche die Zusammenfassung reiner Energie darstellen, wo Gesundheit und Lebenskraft gestärkt werden. Diese Punkte sind wie unsichtbare Kraftwerke. Sie funktionieren als physische Generatoren. Treiben Dinge, die noch nicht physisch sind, in eine physische Form."

Ich glaube, das Zentrum in Abadiania ist ein solcher Standort.

Das Haus ist um eine zentrale Halle gebaut, die an einer Seite offen ist und zu einem überdachten Weg, den Toiletten und einem Rosengarten führt. In dieser Halle sammeln sich die Menschen und warten, um die physischen Operationen durch die Wesenheiten in Joao zu sehen, was zweimal am Tag passiert. Alle Operationen werden von einem Kameramann auf Video aufgezeichnet. Vor einigen Jahren bat Joao darum, diese Operationen aufzuzeichnen, da er keine Erinnerungen an seine Taten hat, wenn er in Verbindung mit einem der Wesenheiten steht. Heute gibt es tausende Stunden von Videoaufnahmen, die jedem gegen ein kleines Entgelt, insbesondere zur Deckung der Kosten, zugänglich sind.

In einem Halbkreis um den Saal herum sind die vier Haupträume angeordnet. Der erste ist der Erholungsraum, in den die Patienten nach einer Operation gebracht werden. Dort werden sie versorgt und beobachtet, bis sie wieder kräftig genug sind.

Die Wirkung der Schmerzbetäubung durch die Geister hört nach ein bis zwei Stunden wieder auf, und der Patient ist normalerweise fähig, den Raum ohne irgendwelche sichtbaren Nebenwirkungen zu verlassen. Im Erholungsraum gibt es zwölf Einzelbetten, bezogen mit sauberen weißen Lagen. Die Krankenschwestern sind allesamt freiwillige Helfer, die sich liebevoll um die Patienten kümmern, bis sie sich wieder erholt haben. Nebenan ist einer der zwei „Current Rooms" (Meditationsräume), die mit Reihen von Bänken ausgestattet sind und in der Mitte einen Durchgang haben. In diesem Raum sitzen zwanzig bis dreißig weiß gekleidete Medien und meditieren. Die Meditationen versorgen die Geistwesen mit der Strömung (*Current*), die sie zum Arbeiten brauchen. Interessanterweise gibt es in dem Edgar Cayce Lesestück von Atlantis einen Hinweis auf diese Art vereinter Energie, welche die Einwohner von *Atlantis* in ihrer außergewöhnlich weit entwickelten Zivilisation nutzten; eine ähnliche Produktion spiritueller Strömung. Die Menschen, die in einer Schlange durch diesen Raum gehen, um das Wesen („The Entity") zu sehen, erhalten hier eine spirituelle Reinigung. In zwei Ecken liegen Rollstühle, Krücken und andere Dinge, zurückgelassen von geheilten Patienten – ein stilles Monument für den Erfolg dieses Mannes und seiner Wesenheiten.

Im zweiten Meditationsraum sitzen dreißig oder mehr Medien in ähnlichen Reihen. Die endlosen Schlangen von Menschen gehen durch deren Mitte und werden spirituell darauf vorbereitet, Joao-in-Wesen zu treffen, der in einer Ecke des Zimmers auf einem mit weißem Laken bedeckten großen Stuhl sitzt. Im Moment des Zusammentreffens erkennen die Wesen im Bruchteil einer Sekunde den „Blueprint" jeder Person: vergangene Leben, jetzige Situation, Krankheiten und spirituelles Bewusstsein. Abhängig davon, was gesehen wird, erfolgt die Behandlung der Person. Einigen werden Kräuterrezepte verschrieben, andere kommen in den Operationsraum für spätere Eingriffe oder Behandlungen. Jenen Menschen, die spirituelle Stärke brauchen, wird gesagt, im Meditationsraum Platz zu nehmen, während einigen ganz klar zu verstehen gegeben wird, was sie in ihrem Leben ändern sollten.

Weniger als zwanzig Sekunden beschäftigt er sich mit jeder Person. Die Rezepte werden blitzschnell in einer Art spiritueller Kurzschrift geschrieben, die wie ein Schnörkel mit ein paar Punkten aussieht. Den Pharmazeuten des Hauses wurde beigebracht die Hieroglyphen der Wesen, die sie verschreiben, zu verstehen.

Der dritte Raum ist der Operationsraum, der zwei Aufgaben erfüllt: für ernsthafte Fälle, die eine lange Zeit im Koma liegen müssen, und für jene, die eine unsichtbare Operation wünschen. An den Wänden stehen Betten in einer einzelnen Reihe auf denen Patienten mit Leukämie, AIDS, Querschnittslähmung und ernsthaftem Krebs liegen, während die Wesenheiten unsichtbare Operationen vollführen.

Die Menschen können für Stunden oder für Tage im Koma liegen, je nachdem, was die Behandlung erfordert.

In der Mitte des Raumes stehen Bänke, auf denen die Menschen sitzen, die eine unsichtbare Operation wünschen. Mit geschlossenen Augen sitzen und meditieren sie. Ein Medium spricht leise, erklärt die Abfolge und erhöht deren spirituellen Einklang. Zweimal am Tag wird Joao-in-Wesen den Raum betreten und verkünden: „Im Namen Jesus Christus seid ihr alle geheilt. Lasst das, was getan werden muss, im Namen Gottes getan werden." Zu diesem Zeitpunkt sind alle Operationen an inneren Organen beendet, ohne dass äußere Narben zu sehen sind. Wissenschaftler haben kurz nach der Operation innere Schnitte und Nähte anhand der Röntgenbilder festgestellt. Im Operationsraum sitzen zwölf spezielle Heilungsmedien.

Zusätzlich gibt es noch eine ganze Reihe weiterer Gebäude. In einem Küchenhaus werden täglich Tausende von Tellern Suppe und Brot an jene verteilt, die ins Zentrum kommen. Nicht wenige sind viele Kilometer gereist und einige so arm, dass sie sich nicht einmal etwas zu essen kaufen können. Das Haus sorgt für alle im gleichen Maße. Des Weiteren existieren noch ein kleines Kaffeehaus, ein Verwaltungsgebäude, ein großer Toilettenblock und eine Apotheke für die Herstellung der Kräutermedizin. Die ganzen Gebäude stehen auf einem umzäunten Gelände. Auf der einen Seite liegt ein Parkplatz für Dutzende von Bussen und auf der anderen ein Garten für ruhiges Entspannen in frischer Bergluft.

Das Geschehen im Haus

Das Zentrum öffnet um sieben Uhr dreißig jeden Mittwoch, Donnerstag und Freitag. Um acht Uhr erhalten die Menschen eine kurze Einweisung in die Abläufe des Tages und werden gebeten, sich in die richtige Reihe einzuordnen. Die Reihe entspricht der bevorzugten Behandlung: sichtbare oder unsichtbare Operation, das erste Mal oder Folgebehandlungen. Während die Menschen, die eine unsichtbare Operation erhalten, in den Operationsraum geführt werden, geleitet man jene, die eine sichtbare Operation bevorzugen, in den zweiten Meditationsraum, um für eine halbe Stunde zu meditieren. Danach werden sie für ihre physische Operation in den Hauptsaal zurückgeführt. Das ist zum Teil auch von den Wesenheiten abhängig, mit denen Joao in Verbindung steht, da jede Wesenheit ihre eigene chirurgische Spezialität hat.

Joao meditiert in einem kleinen Raum an der Rückseite des Komplexes, bevor er den Hauptsaal betritt. Um mit der Wesenheit in Verbindung zu treten, steht er einfach nur vor einem Tisch mit einem Holzkreuz. Er beginnt, indem er darum bittet, dass seine Hände für die Arbeit des Tages geführt werden.

Danach rezitiert er das Vaterunser, während die Wesenheit mit ihm in Verbindung tritt und seinen Körper übernimmt. Er fasst einige, die auf eine physische Operation warten, bei der Hand und führt sie in die Haupthalle, wo er beginnt. Diese Operationen werden vor den Augen aller vollführt, die darauf warten, Joao-in-Wesen zu konsultieren oder einfach nur zusehen wollen. Abgesehen vom grundlegenden Ziel der Operationen, die Beseitigung von Krankheiten und anderen Gebrechen, dient dies auch als ein Beweis für die Existenz einer Geisterwelt und dem Empfang einer Heilung durch spirituelle Energie. Zusätzlich erhöhen sie die Stärke des Glaubens und der inneren Einstellung jeder Person.

Oft werden Heilungen und Operationen mit Bemerkungen zu Personen in der Menge unterbrochen. Die Wesen kennen das Leben eines jeden Einzelnen und geben manchmal einen spirituellen Rat, einen Hinweis zum Ändern von Essgewohnheiten oder sogar eine strenge Warnung, um jemanden darauf hinzuweisen, dass er seine unmoralische Lebensweise ändern sollte. Häufig zeigt er auf jemanden und bittet ihn, in den Meditationsraum zu gehen. Das könnte zum Nutzen für die Heilung sein, oder die Person muss meditieren, um sich in einen besseren Einklang mit der Geisterwelt zu bringen, bevor die Heilung stattfinden kann. Es ist auch möglich, dass die Person als Medium erkannt wurde, das eine starke Strömung erzeugen kann. All diese Vorkommnisse werden von einem Kameramann gefilmt und können zu einem Preis erworben werden, der nur die Kosten deckt. Die Videos sind ein wertvoller Beweis der Errungenschaften des Zentrums und ein Souvenir für jene, die eine Heilung erfahren haben.

„ ... alle Kraft, alle Heilungen jeder Art sind eine Veränderung der inneren Schwingung, die Anpassung des göttlichen innerhalb des lebenden Gewebes eines Körpers an kreativen Energien. Das allein ist Heilung. Egal, ob es durch die Einnahme von Drogen (Kräutern) oder durch das Messer erreicht wird, es ist eine Anpassung der atomaren Struktur der lebenden zellularen Kraft an seine spirituelle Herkunft."
Edgar Cayce Reading (1967-7).

Joao-in-Wesen beginnt jeden seiner Heilungstage im Operationsraum, wo er die eine sichtbare Operation wünschenden Leute herausholt und vorbereitet. Dann schenkt er seine Aufmerksamkeit den Reihen von Menschen, die in Meditation auf eine unsichtbare Operation warten. In einer kurzen Aussage erklärt er die Operationen für beendet. Einige Empfänger spüren die Operationen, andere fühlen nichts, aber sie wurden alle operiert. Danach nimmt Joao-in-Wesen die Reihe, der auf eine sichtbare Operation wartenden Personen, und führt sie in die Haupthalle für physische Operationen, wo die wartende Menge sich befindet. Wenn dies vollbracht ist, kehrt er in den zweiten Meditationsraum zurück und empfängt sitzend oder stehend die an ihm vorbeigehenden Leute.

Er verbringt nur wenige Augenblicke mit jeder Person. Schon beim Näherkommen werden die Menschen in der Reihe von der jeweiligen Wesenheit abgetastet und erforderliche Ratschläge vorbereitet. Joao spricht schließlich die einzelnen Ratschläge nur noch aus, sobald die Person herantritt. Einige bekommen Kräutermedizin verschrieben, andere werden aufgefordert, in einem der Meditationsräume Platz zu nehmen, oder in den Betreuungsraum für unsichtbare Operationen gebracht. Sollte ein anderes Wesen für Operationen notwendig sein, wird der Person gesagt, wann sie für eine Behandlung wiederkommen soll.

Joao bleibt in diesem Raum, bis die letzte Person angehört wurde. Am Ende eines jeden Tages empfängt Joao-in-Wesen jedes der einzelnen Medien, die für Stunden dasaßen und die notwendige „Strömung" erzeugten, um einen Segen auszusprechen und sich ihre Bitten anzuhören. Dann steht er auf, spricht ein kleines Gebet und die Wesenheit verlässt seinen Körper mit einem sichtbaren Erzittern seiner kräftigen Figur.

Folge den Regeln

Wie in jedem Bereich des Lebens gilt es auch hier, Regeln zu befolgen. Werden sie gebrochen, hat das eine nachteilige Behandlung zur Folge. Diese Warnung wird gelegentlich von Joao-in-Wesen ausgesprochen, manchmal sehr ernsthaft, wenn jemand, der für weitere Behandlungen zurückkommen musste, sich nicht an die Anweisungen gehalten hatte.

Es ist nicht verwunderlich, dass einige diese Regeln auf die leichte Schulter nehmen, denn sie erscheinen für unser physisches Verständnis unlogisch (ein weiteres Beispiel für das geringe Verstehen des Menschen und die Überlegenheit des Wissens der Wesenheiten). Einige Regeln sind in der Tat ungewöhnlich. Zunächst sollte man eine Diät einhalten – kein Schwein, Chili, Eier, Bananen oder Alkohol (Im Sommer 2002 wurden Eier und Bananen wieder von der Diät gestrichen!). Warum? Während Schwein ein spirituell unsauberes Fleisch ist, reizt Chili die Systeme. Eier tragen heutzutage die Gifte von Hormonfutterstoffen in sich, die, erst einmal aufgenommen, die Heilungseffekte der Kräuter und der Behandlung negativ beeinflussen. Bananen sind mit Chemikalien behandelt, die dieselbe negative Wirkung aufweisen, und Alkohol stört den Heilungsprozess.

Am schwierigsten zu verstehen, ist vielleicht die „Kein Sex"-Regel. Nach einer Operation muss man sich für vierzig Tage vom Sex fern halten. Nach einer zweiten Operation sind es dann nur noch acht Tage ohne Sex. Die Erklärung, dass die Energien des Körpers in der Heilungsphase nicht durch die physischen Energien des Sex beeinflusst werden sollen, tut nur wenig, um die Menschen zu ermutigen, für vierzig Tage enthaltsam zu leben, bis sie sich wieder völlig gesund fühlen.

Die häufigsten Enttäuschungen von allen, die Joao und die Wesenheiten ertragen müssen, sind die Nichtachtung der Wesen und ihrer Arbeit und jene Menschen, die sich nicht an die einfachen Heilungsregeln halten. Am Anfang eines jeden Tages hält ein Mitglied des Zentrums eine Rede über verschiedene Themen, in der ausdrücklich darauf hingewiesen wird, dass die Regeln eingehalten werden müssen. Jede Nichteinhaltung kann zum Stillstand des Heilungsprozesses, zur Rückkehr des alten Zustandes oder sogar zu einer Verschlechterung des Leidens führen, je nach Art der Krankheit oder des Gebrechens.

Obwohl es keine Regel ist, gibt es Phänomene, die man für den Fall des Eintretens in Erinnerung behalten sollte. Falls ein Patient, nachdem er nach Hause oder in sein Hotel zurückgekehrt ist, sich plötzlich schwach fühlt, sollte er allein gelassen und für ein paar Minuten nicht bewegt werden. Es kann sein, dass ein Wesen eine Operation beendet, was bis zu zwei oder drei Tage nach der eigentlichen Operation geschehen kann. Es besteht kein Grund zur Beunruhigung, aber ein Anruf im Haus wird Joaos Bestätigung bringen.

Sieh, lerne und verändere dich

Selbst der skeptischste und gleichgültigste Beobachter kann nicht anders, als sich von den Szenarien der Erleichterung und des Mitleides gerührt fühlen, die überall in diesem Zentrum der Heilung zu sehen sind.

Unter den Tausenden, die oft für Stunden in einer Reihe warten, kann man Beispiele fast jeder Art von menschlichem Leid sehen. Schmerz und Krankheit stellen die unausweichliche Realität der Leidenden dar. Hier stehen solche Menschen, die es wissen und mit dieser furchtbaren Wirklichkeit leben. Viele von ihnen kommen, weil sie sprichwörtlich jeder Hoffnung beraubt wurden. *Die moderne Medizin hat sie aufgegeben; in einigen Fällen wurden sie von den besten Spezialisten der Welt aufgegeben. Also: wohin sich wenden, wenn alles andere versagt?*

> „Es ist sicher, dass die Einstellung häufig die physische Verfassung des Körpers beeinflusst. Niemand kann seinen Nachbarn hassen, ohne Probleme mit dem Magen oder der Leber zu bekommen. Man kann nicht eifersüchtig sein und Wut über dasselbe zulassen, ohne Verdauungsstörungen oder Herzschwächen zu bekommen."
> *Edgar Cayce*

Trotz der Hoffnungslosigkeit ihrer Zustände teilen sie alle einen gemeinsamen Ausdruck – ihre Augen tragen das schwache Leuchten der Hoffnung. Wenn sie von ihrem Gespräch mit Joao zurückkommen, hat sich diese Hoffnung in Freude verwandelt: Eine Mutter weint über die Heilung ihres kleinen Kindes, ein Krüppel, der nicht laufen konnte, freut sich über seine Gliedmaßen mit neu gefundenem Leben. Überall kann man neue Hoffnung erkennen, erneuertes Leben und die Bildung der Liebe und Fürsorge für seinen Nächsten.

Die wahre Bedeutung von Nächstenliebe kann man hier überall sehen. Ein alter Mann schlurft zum Ausgabefenster und sucht in seinen Taschen nach etwas Kleingeld, um seine Kräuter zu bezahlen. Eine freundliche Frau erkennt seine missliche Lage und steckt ihm einen Zehnrealschein zu. Diese kleine Gabe wird ihm das Busticket nach Hause bezahlen.

Nicht verwunderlich, dass Leute einfach nur hierher kommen, um zu beobachten. Es ist eine bewegende und lohnende Erfahrung. Im Gegensatz zu so vielen anderen „wundersamen" Plätzen auf der Welt gibt es hier keinen Heilung-durch-Glauben-Aspekt oder keine Mystik. *In Abadiania spricht jede einzelne Person persönlich mit den Wesenheiten, und die Mehrheit der Menschen wird wie durch ein Wunder geheilt.* Dennoch, nicht jeder kann in einem einmaligen Treffen geheilt werden. Viele Dinge beeinflussen den Genesungsprozess: Karma, Heilungszeit für das Gewebe und Regenerationszeit für die Zellen, und fast jeder muss sich spirituell verändern. Einige müssen ihre Umgebung wechseln, andere ihre Einstellung gegenüber anderen Personen.

KAPITEL 3

SELBST-OPERATION

„Our remedies oft in ourselves do lie, which we ascribe to heaven!"
Shakespeare. All's Well That End's Well (1602-03).

Das Haus besteht seit fast zehn Jahren. Joao hat sich dazu verpflichtet, die Kranken an drei Tagen in der Woche zu heilen: Mittwoch, Donnerstag und Freitag.

Der Grund liegt nicht darin, dass die Wesen vielleicht in ihrer Zeit beschränkt wären, sondern vielmehr, weil sie erkennen, dass Joao und seine Patienten einem physischen Zeitrahmen unterliegen.

Obwohl Abadiania in einem abgelegenen Gebiet Zentralbrasiliens liegt, finden die Menschen ihren Weg dorthin. Spezielle Busse werden gemietet, um die Kranken von immer größeren Entfernungen zu bringen: Menschen aus Rio de Janeiro, Vitoria, Sao Paulo und Bahia.

Allmählich begannen sich die Dinge im Haus zu stabilisieren; die Behörden schlossen ihre Augen vor den Wundern, die vollbracht wurden, und der gute Ruf des Hauses wuchs mit jedem geheilten Patienten, der nach Hause zurückkehrte und von den Geschehnissen berichtete.

Zu dieser Zeit fing auch die Presse an, ihre Aufmerksamkeit auf diesen Heiler in Abadiania zu richten, der offenbar die Lücke schloss, die der populäre Heiler Ze Arigo hinterließ, als er 1971 bei einem Autounfall starb. Damals war Joao erst neunundzwanzig Jahre alt und das Haus nur ein Traum, den er mit seinen Wegweisern teilte.

Jetzt, wo das Haus regelmäßig geöffnet ist, wird sein Ruhm auch durch die Medien verbreitet, die von einem ständigen Strom von wundersamen Heilungen mit Enthusiasmus und immer größer werdender Regelmäßigkeit berichten. Die Arbeit im Haus wuchs, als sich die Zahl der Kranken multiplizierte, und seine Anhänger kamen für das Privileg zusammen, mit ihm zu arbeiten und für die Erleuchtung, die diese Arbeit mit sich brachte.

Und genau zu dem Zeitpunkt, als es schien, er würde sein Schicksal erfüllen, kam die Katastrophe. Joao erlitt einen Schlaganfall. Er arbeitete in Belo Horizonte, als er sich plötzlich schlecht fühlte. Begleitet von seiner Frau und einigen Helfern wurde er ins Belo-Horizonte-Krankenhaus gebracht und untersucht.

Es ist normale medizinische Handhabung, dass verschiedene Tests durchgeführt werden, um festzustellen, wo es im Gehirn zu einer Blockade kam: spezielle Röntgenstrahlen, elektronische Messungen der Gehirnströme, magnetische Resonanzbilder, Bluttests und Tests der Gehirnflüssigkeit als Vorbereitung auf den Eingriff zum Entfernen des Hindernisses, das den Blutfluss zum Gehirn stoppt. Gerade als die Tests begannen, brannten alle Sicherungen durch. Doch nachdem man hastig Reparaturen durchgeführt hatte, um mit den Tests fortfahren zu können, brannten mysteriöserweise erneut die Sicherungen an allen Geräten durch. Die Ärzte verabreichten Joao ein Beruhigungsmittel, doch während sie die Operation vorbereiteten, entwischte Joao aus dem Krankenhaus und ging, von seinen Wesenheiten begleitet, nach Hause.

Wie auch immer: Die Prognose war nicht gut, der Schlaganfall lähmte eine Körperhälfte völlig. Er lehnte sich auf eine Seite, seine Hände waren steif und ein Auge sehr unansehnlich verschoben. Er war gerade fünfundvierzig Jahre alt.

Trotz der Behinderung versuchte er standhaft, mit den Heilungen fortzufahren. Als er sich etwas erholt hatte, ging er zurück zu seinem geliebten Zentrum und suchte die Vereinigung mit seinen Wesen, die, so hoffte er, trotz der Behinderung einige begrenzte Operationen würden durchführen können. Zum Erstaunen seiner Assistenten und seiner Patienten zeigte sein Körper keinerlei Behinderung, wenn er mit einem der Wesenheiten verbunden war, aber unglücklicherweise kehrte die Lähmung zurück, nachdem das Geistwesen seinen Körper verlassen hatte.

Einige Monate arbeitete Joao unter diesen Umständen weiter, bis die Wesen ihm zu verstehen gaben, dass er sich selbst operieren solle. Solch ein Ereignis brauchte einen Zeugen, und wer wäre dafür besser geeignet als die Medien. Ein Datum wurde festgelegt, und das Ereignis fand vor den Augen von Kameraleuten, Assistenten und wartenden Patienten im Haus statt. Joao vereinigte sich mit einem seiner geliebten Wesen und nahm vor der Menge auf einem niedrigen Stuhl Platz.

„... Anthropologen haben Schamane beobachtet, die rituelle Operationen an ihren eigenen Körpern durchgeführt haben – ohne Anzeichen von Schmerz oder darauf folgende Vernarbung." James Redfield & Carol Adrienne, *The Celestine Prophecy – An Experiental Guide.*

Er wählte ein Skalpell vom Tablett, hob sein T-Shirt hoch und schnitt sich die Brust auf bis zum Herz. Der drei Zentimeter lange Schnitt blutete nur wenig. Er führte zwei Finger in den Einschnitt und ohne irgendein Zeichen des Unbehagens untersuchte er die Höhlung. Es dauerte nur wenige Minuten, eine einfache Naht, um die Wunde wieder zu schließen, und fertig war es.

Nachdem das Wesen Joaos Körper verlassen hatte, waren er und seine Anhänger erleichtert, einen neuen Menschen zu sehen, ohne irgendein Zeichen einer Behinderung.

KAPITEL 4

DIE OFFENBARUNG UND DIE VERFOLGUNG

Es gab keinen Weg mehr zu entkommen. Die Polizei umringte ihn in einer Ecke des Marktplatzes, als er mit einem Freund sprach. Mit Gummiknüppeln schlugen sie heftig auf ihn ein und trotz seiner Versuche, sie abzuwehren, trafen die Stiefel ihr Ziel. Es war nicht das erste Mal, dass er geschlagen wurde, aber wohl das schlimmste Mal. Sein Kopf hämmerte, sein Körper schmerzte und Blut lief aus einer Kopfwunde.

Den ganzen Weg zur Polizeistation schlug und trat man ihn, während das Kopfsteinpflaster das seine dazugab. Halb ohnmächtig ließ man ihn liegen, bis ein höherer Beamter kam, um ihm die Anklage vorzulegen. Sie war falsch oder wie so oft das Ergebnis einer fahrlässigen Untersuchung durch einen Arzt. Aber dieses Mal sollte es anders sein. Joao spürte, wie ihm die Sinne schwanden, der Raum drehte sich, und eine Gruppe lachender Polizisten war das Letzte, was er sah, als sich die Wesen mit ihm vereinigten.

Als der höhere Beamte den Raum betrat, konnte er und all diejenigen, die auf Joao eingeschlagen hatten, die Schmerzen der Schläge selbst spüren. Sie begannen zu schreien, humpelten und fielen vor Schmerz zu Boden.

Die Wesenheiten von Joao hatten sich das Geschlagenwerden ihres ausgewählten physischen Instrumentes lange genug angesehen. Sie übernahmen den Körper des Mediums und übertrugen die Schmerzen auf die Angreifer. Um ihre Schmerzen zu beenden, entließen sie ihn, ohne einen weiteren Versuch ihn einzusperren.

Als Joao wieder zu sich kam, fand er sich draußen auf der Straße sitzend wieder. Verfolgt zu werden, wurde quasi der unfreiwillige Lebensstil von Joao Teixeira da Faria. Seit er seine Gabe zu heilen im Alter von sechzehn Jahren entdeckte, verbrachte er die meiste Zeit seiner Jugend von Stadt zu Stadt reisend. In dieser Zeit bot er Heilung und Prophezeiung gegen Essen, Sachen, Unterkunft oder Geld an. Dass verschiedene Ärzte davon Wind bekommen würden, schien unvermeidbar, und deren Anschuldigungen würden ihm fraglos wieder die Polizei auf den Hals hetzen.

> „So, falls es dein Ziel ist, Schmerzen zu vermeiden und den Leiden zu entkommen, würde ich dir empfehlen, nicht nach höheren Ebenen des Bewusstseins oder spiritueller Evolution zu suchen. Erstens, du kannst dies nicht erreichen, ohne zu leiden, und zweitens, falls du es erreichen solltest, ist es sehr wahrscheinlich, dass du gerufen wirst, um in einer Art und Weise zu dienen, die viel schmerzhafter oder wenigstens viel anspruchsvoller für dich ist, als du dir jemals hättest vorstellen können, dass es möglich wäre."
> M. Scott Peck, *The Road Less Travelled.*

Wenn er Glück hatte, konnte er einfach aus der Stadt verschwinden, aber häufig wurde er verschiedenster Verbrechen beschuldigt, ins Gefängnis geworfen und nicht selten geschlagen.

Manchmal hatten die Vorkommnisse auch eine ironische Seite. Einmal wurde er verhaftet, weil er auf dem Marktplatz einer Stadt heilte. Der Beamte, diesmal eine Frau, befahl ihm mit einem Schuss Zynismus, ihr etwas wahrzusagen. Aber zu ihrer Überraschung erzählte ihr das Medium so viel über ihre dunklen Geheimnisse mit solch detailgetreuer Präzision, dass sie gezwungen war, ein Abkommen zu treffen: seine Freiheit gegen den Schwur, niemandem von ihren Geheimnissen zu erzählen.

Einige Male baten seine Ankläger um Hilfe, was beispielsweise bei einem ungeklärten Mord in Goiana der Fall war. Die Polizisten konnten keinen Täter finden und baten Joao um Mithilfe, und wie üblich zeigte

Joao Verständnis und Geduld für jene, die ihn erst kürzlich noch beleidigt hatten. Innerhalb von zwei Tagen führte die Polizei eine Razzia auf einem Grundstück durch, auf dem der Tatverdächtige Dinge des ermordeten Mannes verkaufte.

So vergingen die jungen Jahre eines der bemerkenswertesten Medien der letzten 2 000 Jahre: Verfolgung, Verspottung und Missbrauch; dem Hunger, der Entbehrung oder Einkerkerung immer nur einen Schritt voraus; ständig in Bewegung, aber gewillt, mit seiner Mission vom Heilen seiner Gefolgsleute fortzufahren und das Bewusstsein über ihre wahre Bedeutung in ihr Leben zu bringen.

Er wurde am 24. Juni 1942 in der kleinen Stadt Cachoeira da Fuaca im Inneren Goias als Sohn eines einfachen Schneiders geboren. Das Erbe, das sein Vater, José Nunes da Faria, ihm hinterließ, war extreme Armut. Oft blieb die Familie hungrig, weil der Vater nicht genug verdienen konnte. Kein Zweifel, dass seine Eltern sich eine Ausbildung für ihn wünschten, aber die Armut verhinderte das Besuchen der Schule über die zweite Klasse hinaus.

Die Situation wurde durch die rebellische Natur des Jungen nicht erleichtert. Schon während des kurzen Aufenthaltes in der örtlichen Schule von Santa Teresinha zeigte er seine aufsässige und trotzige Unabhängigkeit, die ihn abhärtete, sein Schicksal gegen scheinbar nicht akzeptierbare Möglichkeiten zu erreichen. Seine Eltern überzeugten ihn und schrieben ihn an einem evangelischen Kollegium ein, wo sein Verhalten nur für sechs Monate toleriert wurde.

Er verließ die Schule auf deren Bitte und half der Familie im Kampf ums tägliche Überleben, indem er bei seinem Vater in die Lehre ging. Insgesamt verbrachte er nur zwei Jahre in der Schule.

Worin aber lag der Grund für dieses Nichtakzeptieren von institutioneller Kontrolle? Könnte es sein, dass er wie so viele außergewöhnliche Menschen ein inneres Wissen hatte? Eine Weisheit, die über die Verengtheit und Einschränkungen hinaussieht, die versuchen, ihn in der Spur von sozial erwartetem Verhalten zu halten. Worin auch immer der Grund seines Ungehorsams bestand, eines ist klar: Joao wäre niemals das mächtigste Heilmedium unserer Zeit geworden, hätte er nicht diesen Funken der Unabhängigkeit in sich getragen. Ein Funke, der das Feuer des Überlebens in ihm gegen die so überwältigend kleine Gewinnchance entfachte. In dieser Hinsicht teilt er einen ähnlich herausfordernden Charakter mit seinem wichtigsten Wesen, Dom Inacio, der ungeachtet dessen, dass er als hoher spanischer Adeliger mit großen Reichtümern geboren wurde, extrem rebellisch war.

Das Leben in Brasilien in den 40er und 50er Jahren war extrem schwierig, da das Land ums Überleben kämpfte und sich nur mit dem Export von Zucker und Kaffee über Wasser hielt. Ohne Industrie musste sich die Ökonomie den international festgesetzten landwirtschaftlichen Preisen fügen und die Regierung trug einen riesigen Berg Schulden zusammen. In dieser schwierigen Zeit konnte sich ein kleiner Junge in einer ländlichen Stadt glücklich schätzen, wenn er einmal am Tage etwas zu essen bekam. Schulbildung war ein Luxus, den sich seine Familie nicht leisten konnte.

Blickt man zurück, scheint es, als ob er von einer formalen Ausbildung ferngehalten wurde. Nicht etwa als Voraussetzung für ein spirituelles Leben, sondern offenbar, um zu verhindern, dass er hemmende und gegensätzliche menschliche Lehren in sich aufnimmt.

Die spirituelle Manifestation in Joao fing schon im jungen Alter an, als er immer wieder Geschehnisse für seine Eltern und Freunde voraussagte, Vorkommnisse, die später die Medien verbreiteten. Eine besonders hervorstehende Prophezeiung geschah an einem klaren ruhigen Tag, an dem er mit seiner Mutter in einem Ort namens New Bridge spazieren ging.

„Mamai", sagte er, als sie an einer staubigen Straße entlangliefen, „es wird einen großen Sturm geben. Beeilen wir uns!"

Seine Mutter stimmte nicht zu und zeigte auf den klaren blauen Himmel über ihnen.

„Ja, Mamai! Glaub mir, es wird stürmisch werden. Ich sehe viele Häuser, die mitgerissen werden, und Menschen, die ertrinken. Bitte, beeilen wir uns!", drängte er und zog an ihrem Arm.

Kurz bevor ein gewaltiger Sturm losbrach, erreichten sie das Dorf. Es regnete und der Wind blies wie wild, als sie in einer kleinen Hütte am Rande des Dorfes Schutz suchten. Nachdem der Sturm nachgelassen hatte, hatten viele Menschen ihr Leben verloren und über zwanzig Häuser waren mitgerissen wurden, darunter auch das Haus seines Bruders.

Trotz seiner Prophezeiungen verstand er nur wenig von Spiritualität, ehe im Alter von sechzehn Jahren eine merkwürdige Sache passierte. Er hatte Itapaci verlassen, um in Campo Grande einen Schneiderladen zu eröffnen – ein Unternehmen, das dem Untergang geweiht war, da in diesem heißen Sommer niemand Anzüge kaufen wollte. Entmutigt wechselte er in einen anderen Beruf. Er wurde Töpfer und fertigte Wassertonnen an, um zu überleben. Aber auch diese neue Aufgabe blieb nur von kurzer Dauer, und der einzige wahre Begleiter, der ihm blieb, war der Hunger. Eines Tages erlebte er ein Phänomen, das er sein Leben lang nicht mehr vergessen würde.

Die Vision und das Geschenk

Er hatte eine Arbeit als Schneider in Campo Grande gefunden und begann seinen ersten Tag um sieben Uhr morgens. Mittags war sein Arbeitsverhältnis wieder beendet, und er fand sich mit derselben Frustration von Arbeitslosigkeit und Verzweiflung wieder auf der Straße. Ein warmer sonniger Tag begleitete den barfüßigen Jungen zu einer Brücke, die die Landstraße nach Campo Grande über einen Bach führte. Der Drang, sich in dem klaren Wasser abzukühlen, war viel zu mächtig, um sich ihm zu widersetzen. Er kletterte die Uferböschung hinunter und sprang hinein, für einen Augenblick waren seine Gedanken an Arbeitssuche und Hunger verflogen. Er glaubte zu träumen, als er eine leise Stimme hörte, die seinen Namen rief. Nachdem er das Wasser aus seinen Augen gewischt hatte, starrte er in den Schatten eines überhängenden Baumes. Zu seiner Überraschung stand dort eine wunderschöne, blondhaarige Frau.

„Joao", sagte sie sanft, „komm her und sprich mit mir."

„Woher kennst du meinen Namen?", fragte er verwundert.

„Ich weiß viele Dinge, und es gibt vieles, was ich dir sagen muss. Komm, setz dich zu mir."

Joao blieb und sprach mehrere Stunden mit der wunderschönen Frau. In dieser Nacht, dort in Campo Grande, wurde ihm klar, dass es sich bei der Vision um die heilige Rita von Cassia gehandelt haben musste. In seinen Gedanken durchdachte er die Dinge, die sie ihm gesagt hatte, und erwachte mit vielen Fragen. Fragen, die er hoffte, ihr stellen zu können. So zog er sich schnell an und rannte zum Bach, um nach ihr zu sehen.

Die Frau erschien nicht, aber an dem Platz, an dem sie noch gestern gestanden hatte, war ein glitzernder Lichtstrahl zu sehen. Enttäuscht drehte er sich um und ging, als er plötzlich ihre Stimme hörte.

„Joao, du musst zum spirituellen Zentrum der Erlösung nach Campo Grande gehen. Sie warten dort auf dich", sagte sie, ehe das Licht verschwand.

Neugierig und verblüfft, lief er den langen Weg zur Stadt zurück. Genau, wie die Frau gesagt hatte, wartete am Eingang des Zentrums ein Mann auf ihn.

„Bitte, komm rein. Wir erwarten dich schon", sagte er und nahm ihm beim Arm. An die folgenden drei Stunden konnte sich Joao nicht mehr erinnern, aber als er aufwachte, standen die Menschen um ihn herum, lachend und ihm die Hände schüttelnd.

„Du hast das Wesen von König Salomon angenommen. Du hast viele Menschen geheilt und erstaunliche Operationen vollführt", sagte ein älteres Mitglied.

„Ich habe was?", erwiderte ihm ein erstaunter Junge. „Entschuldige, aber du irrst dich. Ich war hungrig und der Mangel an Essen hat mich ohnmächtig werden lassen."

„Lasst uns zu meinem Haus gehen und etwas Essen zubereiten. Er verhungert", wies der Älteste an. Gebadet, in saubere Sachen gekleidet und an einem Tisch sitzend, der mit einer reichhaltigen Mahlzeit bedeckt war, hatte Joao Zeit, über die Aussagen der Menschen um ihn herum nachzudenken. Es wurde Zeit, dass er sein Geschenk etwas ernsthafter betrachtete, allerdings in völliger Unkenntnis, welche lebenslange Last diese Entscheidung mit sich bringen würde.

Joao blieb für drei Monate in Campo Grande, heilte die Kranken im spirituellen Zentrum und erhielt dafür Sachen, Essen und Unterkunft. Zu dieser Zeit erhielt er seine erste realistische Unterweisung in Spiritualität vom Meister Yokaanon, der sein Bewusstsein für die Geisterwelt im Tempel der „Fraternity Electic Spiritualist Universal" öffnete. Er hatte schon entschieden, die ihm aufgetragene Verantwortung für den Rest seines Lebens zu tragen. Allerdings war er sich noch nicht bewusst, welchen Preis er bezahlen sollte, diese Mission zu erfüllen. Wie auch immer, die grundlegenden Bedürfnisse des Lebens mussten trotzdem befriedigt werden und so fuhr er fort, nach Arbeit zu suchen – neben seinem spirituellen Leben. Es sollte ein langer und schmerzhafter Weg bis zu seiner endgültigen Bestimmung werden.

Er verließ das Zentrum und fing eine Arbeit in einer Ziegelei an, wo er Lehm von der Grube zur Ziegelmaschine brachte. Da er aber unfähig war, sein tägliches Pensum zu schaffen, wurde er schließlich gefeuert. Ob es sich dabei um ein spirituelles Eingreifen handelte oder einfach seine mangelnde physische Leistungsfähigkeit, ist nicht bekannt.

Ironischerweise praktiziert er siebenunddreißig Jahre später als einer der größten Heiler, den die Welt jemals gesehen hat, genau gegenüber einer Ziegelei.

Während seiner Reisen auf der Suche nach Arbeit heilte er und gab spirituelle Ratschläge, wo immer danach gefragt wurde. Seine Familie war nicht einverstanden und dieser Umstand zeigte den ersten Hinweis seiner Aufopferungsbereitschaft, die für seinen Glauben und seine Hingabe für die Leiden anderer notwendig war. Seit diesen ersten Tagen hat er die Anzahl der Verfolgungen, Prügel und Einkerkerungen, die er ertragen musste, nicht mehr gezählt.

Die Verfolgung

Fast acht Jahre lang lebte Joao das Leben eines Landstreichers. Er reiste von Stadt zu Stadt auf der Suche nach Arbeit, heilte die Kranken und belehrte die Ignoranten über ihre spirituelle Verpflichtung. Er konnte nur so lange an einem Platz verweilen, bis er entdeckt wurde. Wenn sich die Nachricht über seine erstaunlichen Heilungen verbreiteten, war es unausweichlich, dass Ärzte und sogar örtliche Priester sich bedroht fühlten und dann den langen Arm des Gesetzes in seine Richtung lenkten. Am Ende wurden immer irgendwelche konstruierten Anklagen vorgelegt, die ihn ins Gefängnis brachten. Nach der Entlassung lief er oder fuhr per Anhalter in die nächste Stadt, um dort seine Aufgabe von neuem zu beginnen.

Für einige Jahre lebte er in Bahia, einem nördlichen Bundesstaat Brasiliens. Dort besteht die Bevölkerung hauptsächlich aus schwarzafrikanischen Menschen, deren Vorfahren als Sklaven hierher gebracht wurden, um in den Zuckerrohrfeldern zu arbeiten. Die Herren behandelten sie mit größter Grausamkeit, sodass sie sich in die Geisterrituale Quimbanda und Nacumba zurückzogen. Diese Rituale sind afrikanischen Ursprungs und wurden von ihren Vorfahren an sie weitergegeben. Hier war es Joao nur möglich, seine Arbeit zu tun, indem er seine Heilungen in diesen Ritualen versteckte. Er traf sich mit Gruppen von Menschen am Rande der Stadt und gab Heilung und spirituelle Führung.

Schließlich, nach acht langen und schweren Jahren, konnte er die Verfolgungen nicht mehr ertragen und suchte Zuflucht in der brasilianischen Armee, wo er als Zivilschneider arbeitete. Für diesen Schutz heilte er die Kranken des Militärpersonals und deren Familien. Für neun Jahre lebte er im Schutz der Armee, bis die Geistwesen darauf bestanden, sich nicht auf ein paar Bevorzugte zu beschränken.

Er verließ die Armee, um in Abadiania zu leben, ein Ort, der durch die spirituelle Führung eines guten Freundes, Chico Xavier, ausgesucht wurde. Hier eröffnete er ein erstes festes Heilungszentrum in einem kleinen Gebäude nahe der Hauptstraße. Er stellte seinen Service von diesem Platz für die nächsten zwanzig Jahre zur Verfügung. 1978 wurde das Zentrum an seinen heutigen Platz verlegt.

Eine Auseinandersetzung mit dem Gesetz

Trotz seines unglaublichen Beitrages für die Menschheit durch das Mildern von Leiden verfolgten ihn die Behörden, angespornt von Medizinern, die den Ursprung seiner Heilkraft und die Fähigkeit zu operieren nicht verstanden, und von Kirchenleuten, die Angst hatten, dass ihre Position in der Gemeinschaft geschwächt würde, und nicht erkannten, dass derselbe spirituelle Ursprung der Kern ihrer Doktrin ist.

1981 wurde ein Gerichtsbeschluss gegen sein medizinisches Praktizieren erlassen. Die Verhandlung fand in Anapolis statt, nur zwanzig Kilometer vom Heilungszentrum entfernt. Glücklicherweise war seine Arbeit in diesem Gebiet derart bekannt, dass ihm eine riesige Menschenmenge Unterstützung leistete, darunter auch anerkannte und dankbare Mediziner. Diese große öffentliche Auflehnung führte zu einem Freispruch.

Dieser Freispruch führte wiederum zu einer großen Verärgerung unter einer kleinen Gruppe, geleitet von einem bekannten Arzt und Politiker aus Anapolis. Am 17.08.1982 arrangierte er einen ernsthaften Anschlag auf Joaos Leben, bei dem vier Männer in drei Autos beteiligt waren. Sein Überleben wird als Wunder bezeichnet. Selbst als dieses Buch (in seiner Originalversion) in Druck ging, lief eine Klage gegen ihn, gestellt durch den regionalen medizinischen Rat und verfolgt von öffentlichen Anklägern des brasilianischen Strafgesetzes.

Die letzte und größte Herausforderung geschah am frühen Morgen des 28. März 1995. Drei Polizisten erschienen, als ein spezielles Heilungstreffen auf dem Floriano Varejas Ausstellungsgelände in Carapina begann. Mit einem Haftbefehl betraten sie das Gelände, auf dem neuntausend Menschen auf Joao warteten. Er wurde nur durch das schnelle Handeln seiner Anwälte Jaques Pereira und Sebastiao Saores gerettet, die sofort eine Haftprüfung beantragten, um zu verhindern, dass man den Heiler einsperrte. Die Anwälte setzten sich klugerweise mit Richter Antonio Feu Rosa vom obersten Gerichtshof in Verbindung, der dann den örtlichen Richter anwies, eine Haftprüfung auszustellen. Richter Feu Rosa hatte eine Operation von Joao erhalten (Weitere Mitglieder der judikativen Hierarchie, die die Heilwesen von Joao in Anspruch genommen haben, sind Oberster Richter Jose de Oliveira Rosa und Richter Hilmar Gaivao, Minister des Obersten Gerichtes.).

In seinem Buch „*Das Phänomen von Abadiania*" setzt sich Oberster Richter Jose Liberato Costa Povoa sehr dafür ein, die Gesetze intelligent auszulegen. Er wies darauf hin, dass verschiedene Gerichtsverhandlungen einen Präzedenzfall geschaffen hätten, der beachtet werden sollte, insbesondere in Anerkennung, dass die Aktionen, die von mit den Wesenheiten in Verbindung stehenden Medien ausgeführt würden, keine Straftaten wären. Er zitiert den Fall „Tribunal de Alcada Criminal de Sao Paulo", in dem der berühmte Richter Azevedo Junior aussagt: „*In der Ausführung von Kurpfuscherei ... das Auftreten von Betrug ist vorausgesetzt, das nicht bei Individuen mit Mediumfähigkeiten passieren kann. Diese Personen sind, im Stadium der Trance, nicht bei Bewusstsein und deswegen können sie auch nicht für die Taten für die, die mit ihnen verbundenen Wesen ihre Körper benutzen, verantwortlich gemacht werden*".

Richter Povoa kritisiert seine Kollegen und nennt sie Scheinheilige für die Bestrafung aufrichtiger Heiler, die so viel Gutes für ihre Landsleute, inklusive Magistrate, Anwälte und Richter, tun würden. Er verachtet sie für ihren „Mangel an Mut", in dem sie sich entscheiden, die Stärken der spirituellen Heilungskraft nicht anzuerkennen, und lieber stur am geschriebenen Gesetz festhalten. Kühn weißt er darauf hin, dass die Gesetze begünstigend ausgelegt werden können, wenn sie akzeptieren würden, dass *die Heilungen nicht von den Medien selbst, sondern von den Wesen, die mit ihnen verbunden sind, ausgeführt werden.* Er zitiert aus einem anderen Aufruf des Obersten Gerichtshofes, in dem der bekannte Minister Viveiros de Castro in seiner Revision vom 23.10.1923 aussagt: *„Ich kann es nicht als eine Handlungsweise der Medizin bezeichnen, wenn eine Heilung durch natürliche Ursachen beeinflusst wird. Ich finde, dass die Vorgehensweise der genannten Partei keine medizinische Handlungsweise, sondern eine Manifestation einer religiösen Überzeugung ist und wert, dass man sie nicht mit demselben Respekt wie andere religiöse Überzeugungen behandelt.*

Ich habe bisher noch von niemandem gehört, der vorhatte, religiöse Autoritäten zu verklagen, die Wunder vollbringen. Die Heilung durch Spiritualität heißt, an eine übernatürliche Einmischung zu glauben. Aus diesem Grund müssen die Fakten für sich selbst und nicht als Manifestation des Glaubens betrachtet werden."

Es ist in der Tat eine komische Parodie der Justiz, dass so viele Administratoren des Rechts dankbare Empfänger der Fähigkeit von Joao sind, während die Gesetze eine Lanze bieten, die gute Arbeit von Joao und seiner Wesen zu zerstören.

Wie auch immer, das Gesetz wurde geschaffen, um den Scharlatanen das Handwerk zu legen, die darauf aus sind, die Bevölkerung auszunehmen. Aus diesem Grunde sollte es nicht grundsätzlich verdammt werden. Die wahren Schuldigen sind die Splittergruppen der Gemeinschaft, die durch ihren Egoismus und die eingebildete Bedrohung ihres selbst ernannten Status lieber diese humanitäre Einrichtung zerstören, als mit ihr zu arbeiten, und jene Mitglieder juristischer Vereinigungen, die sich von den Splittergruppen überzeugen lassen und die Kraft des Gesetzes voll ausnutzen, wenn es nur zu einer einfachen Anklage kommt.

Um das Haus und die gute Arbeit zu Fall zu bringen, müssen Anklagen gegen Joao unter einem oder mehreren Kapiteln des verwirrenden brasilianischen Strafgesetzbuches vorgebracht werden, das fast ausschließlich auf der römischen Gesetzgebung beruht und viele Zweideutigkeiten beinhaltet. Die Hauptartikel, worunter eine Anklage erhoben werden kann, sind 282 und 284: die illegale Ausführung von Medizin und Heilung. Der Artikel zeigt deutlich, dass es ein Verbrechen ist „Heilung durch Verschreibung, Geben oder Auftragen jeglicher Substanzen zu vollführen; Gebärden, Worte oder andere Mittel für eine Diagnose zu verwenden." Diese Gesetzesübertretungen werden mit Freiheitsstrafen von sechs Monaten bis zu zwei Jahren geahndet.

Joaos Anwälte könnten natürlich damit argumentieren, dass er anstatt Drogen nur Kräuter verschreibt, dass er keinerlei Substanzen aufträgt und jegliche Diagnosen nicht durch ihn selbst, sondern durch das mit ihm vereinigte Wesen gestellt werden. Wenn man das Benutzen von Gebärden oder Worten als Verbrechen bezeichnen kann, müssten folgerichtig auch alle Kirchen in Brasilien schuldig gesprochen werden. Priester und Kirchenleute gestikulieren ständig – jedes Mal, wenn sie beten.

Da es eine so große Unterstützung durch die Bevölkerung gibt, erstaunt es, dass diese Splittergruppen trotzdem versuchen, Joao einsperren zu lassen. Aber nimmt man es genau, so bricht er das Gesetz wirklich. Bevor Joao als Heiler bekannt wurde, hatte man schon den verstorbenen brasilianischen Heiler Ze Arigo mithilfe derselben Artikel des Strafgesetzbuches unter Anklage gestellt. Obwohl Bevölkerung, Presse und die Mehrzahl der legalen Berufsgruppen hinter ihm standen, wurde er am 26.3.1957 von einem gewissen Richter Marcio de Barros zu einem Jahr und drei Monaten Haft verurteilt. Nur das Einschreiten des brasilianischen Präsidenten Juscelino Kubitschek, der sein Leben Arigo und einem Wesen namens Dr. Fritz verdankte, und eine präsidentiale Vergebung nach Artikel 87/19 der Verfassung ermöglichten, dass er nach fünf Monaten freigelassen wurde.

Das Paradoxe ist, dass die richterlichen Entscheidungen von den höchsten juristischen Köpfen stammen, die aber ihre eigene persönliche Erfahrung der humanitären Hilfe dieses Mannes ganz offen anerkennen.

Wie auch immer, das Fallbeil hängt jeden Tag seines Lebens über Joaos Kopf, solange sich diese Splittergruppen mit ihrer aufgeblasenen Einstellung zu weltklugem Profitstreben (unberechtigt) bedroht fühlen.

Widersinnigerweise suchen seine Ankläger nicht selten seine Hilfe auf, offen oder unerkannt. Am 03.07.1996 reihte sich Kommissar Firto Franki, einer von Brasiliens hartnäckigsten Polizeianklägern, leise in die wartende Schlange ein, um Joao und seine mit ihm verbundene Wesenheit zu sehen. Die dunkelbraunen Säcke unter seinen Augen und sein blasses Gesicht deuteten auf schwere Nieren- und Leberprobleme hin. Sein Körper zeigte eine Ansammlung von inkorrekten Lebensstilen: Übergewicht, Atemnot und seine Augen trugen die Zeichen eines sehr kranken Mannes.

Dr. Augusto de Almeida hieß das Wesen, mit dem Joao verbunden war, und er erkannte den Kommissar sofort. Joao nahm ihn beiseite und rief sechs Leute aus dem Meditationsraum, die ihn daraufhin umstellten.

„Bitte, sag diesen Menschen, wer du bist!", sagte das Wesen ernsthaft, ehe der Polizist seinen Rank und seine Position nannte. „Du hast mich mehr als zehn Jahre lang verfolgt. Du hast mein Leben zur Hölle gemacht und jetzt willst du, dass ich dir helfe!? Lass mich dir für jetzt und für immer die Ausmaße meiner Arbeit zeigen."

Er drehte sich zu den sechs Männern um und forderte sie auf, ihre eigenen wundersamen Heilungen zu beschreiben. Der Kommissar hörte jedem Einzelnen zu, während sein Kopf immer tiefer sank: drei Gelähmte, zwei Krebskranke im Endstadium und ein Arzt, der sein Augenlicht bei einem Unfall verlor – alle geheilt.

„Unter dem falschen Vorwand, krank zu sein, bist du vor zehn Jahren zu mir gekommen, hast gegen mich ausgesagt und mich, basierend auf deinen eigenen Lügen, als Scharlatan bezeichnet. Du wusstest, dass meine Behandlungen real waren, denn du hast deine Freunde zu mir gesandt, trotzdem hörtest du nicht auf, mich zu verfolgen. Erkennst du, hier und öffentlich, vor diesen Zeugen an, dass meine Arbeit authentisch ist?"

Der Polizist, chronisch krank, ließ seinen Kopf hängen und nickte: „Ja, ich werde eine schriftliche Aussage machen, wenn du es wünschst. Ich weiß, du bist kein Scharlatan, und ich weiß, welche guten Dinge du für die Menschen getan hast."

Joao setze sich wieder auf seinen Stuhl und schrieb dem Mann ein Rezept aus, der ihn mehr als eine Dekade lang verfolgt hatte.

KAPITEL 5

DAS MEDIUM UND DIE WESENHEITEN

Medium: Mensch, der Wahrnehmungen aus der Geisterwelt vermitteln kann. Brockhaus Lexikon

Das Medium

Joao Teixeira da Faria ist ein Medium mit außergewöhnlichen Fähigkeiten, die es ihm ermöglichen, sich mit dreiunddreißig Wesenheiten zu vereinigen, allesamt beachtenswerte Persönlichkeiten während ihres physischen Lebens. Die Wesen sind die Geister von verstorbenen Ärzten, Chirurgen, Heilern, Psychologen und Theologen. Sie sind auf einen höheren Seelenlevel aufgestiegen und unterliegen nicht mehr dem Kreislauf der Reinkarnation in unserer physikalischen Ebene. Wie auch immer, sie steigen in den spirituellen Ebenen durch die Ausmaße ihrer Wohltaten und barmherzigen Arbeit weiter auf. Sie benutzen seinen Körper, um wundersame Operationen und Heilungen an Kranken und Verkrüppelten vorzunehmen. Die Tausenden, die jede Woche nach Abadiania reisen, und die Millionen, die jetzt ein gesundes Leben führen, sind der unumstrittene Beweis für den Erfolg von Joao und seinen Wesen.

Der Mann ist einerseits stark und entschlossen, andererseits aber auch ein gefühlvoller Mensch und sehr hingebungsvoll. Nicht alle Medien werden von ihren spirituellen Führern beherrscht, aber im Fall von Joao übernehmen die Wesenheiten seinen Körper vollständig, sodass er bewusstlos wird. Seine Person wird daraufhin zu der des mit ihm vereinigten Wesens. Während der Operation liegt eine tranceähnliche Ruhe in seinen Augen und auf seinem Gesicht. Seine Hände arbeiten mit unglaublicher Genauigkeit, selbst wenn er den Kopf wegdreht und seine Aufmerksamkeit etwas anderem schenkt. Viele der routinemäßigen operativen Eingriffe können nicht einmal von hoch qualifizierten Chirurgen vorgenommen werden.

Wenn Joao nicht mehr in Verbindung mit den Wesen steht, gibt er zu, nichts von Medizin zu verstehen; er kann kein Blut sehen und hasst Spritzen.

Seine Patienten auf der anderen Seite sind ohne eine voroperative Behandlung völlig ruhig, entspannt und zeigen keinerlei Angst. Sie bleiben völlig gelassen während der ganzen Operation und doch haben sie keine Beruhigungsmittel oder Narkose bekommen. Sie bewegen sich nicht einmal. Für den gewöhnlichen Beobachter scheint er in völliger Ignoranz medizinischer Vorsichtsmaßnahmen zu arbeiten, und trotzdem gab es in über dreißig Jahren der Operationen keinen einzigen Fall von Septikämie (Blutvergiftung).

Joao ist ein durch und durch ehrfürchtiger Mensch, obwohl er keiner speziellen Religion oder Glaubensrichtung folgt. Sein einziges Ziel in seinem Leben ist die Liebe und Fürsorge für seine Mitmenschen durch die Aufhebung von Leiden mit der Hilfe seiner ihn leitenden Wesen. Spirituelle Heilungsmedien sind im Allgemeinen fromme Gläubige in Christus und scheinen gern die Spiritistentheorie von Allan Kardec (1804-1869), einem französischen Autor und Mediziner, anzunehmen. Kardec entwickelte die Prinzipien der Kommunikation zwischen physischen und spirituellen Welten. Einer seiner Lehrsätze besagt: *„Die spirituelle Welt steht in ständigem Kontakt mit der materiellen Welt, jede einzelne reagiert mit der anderen. Das ist, was die Geister selbst festgelegt haben“*. Er schreibt, dass Wissenschaft und Religion nicht in Konflikt zueinander stehen, sondern *„die Wissenschaft deckt die Gesetze Gottes auf, aber die Wissenschaft hat noch eine ganze Menge zu lernen – besonders auf dem Gebiet des Paranormalen“*.

Kardecisten glauben, die Geisterwelt sei weniger verdichtet als die materielle Welt, aber *sie ist die ursprüngliche Welt und die materielle Welt ist ihr untergeordnet.* Außerdem meinen sie, dass ausgewählte Medien fähig sind, sich mit den dortigen Wesen zu vereinigen – ein Fall von freundlicher Besitzergreifung. Was im Falle von Joao bedeutet: Sein Körper und sein Bewusstsein werden wörtlich und wahrhaftig von den Wesen übernommen. Die Wesen sind es auch, die die Diagnosen und das Operationswissen, das für die Behandlung eines Patienten notwendig ist, bereitstellen.

Es sind nicht seine Hände, die die Operation ausführen, oder sein Bewusstsein, das Rezepte für die Kräutermedizin ausstellt. Vielmehr kann er sich nur sehr wenig an das erinnern, was geschieht – eine Art von Gedächtnisverlust überfällt ihn während der Zeit der Vereinigung. In seinen eigenen Worten sagt er: „Ich bin nicht der, der heilt. Gott ist der Heiler – ich bin einfach nur das Mittel zum Zweck."

Unsichtbare und gleichzeitige Operationen

Joao kann sich jeweils nur mit einem Wesen verbinden, aber er kann das Wesen wechseln, jederzeit, wenn nötig. Das schließt aber nicht aus, dass eine Vielzahl von Geistern Operationen außerhalb seines Körpers durchführen. Man nennt dies „gleichzeitige" Operationen und sie geschehen, ohne dass man es merkt, während der physischen Operation und vor den Augen der Öffentlichkeit. Patienten in der Menge werden ohne Vorwarnung von den Wesen operiert, Leute verlieren einfach das Bewusstsein durch die Narkose der Wesen und werden von Helfern in den Erholungsraum gebracht, wobei schon über siebzig dieser gleichzeitigen Operationen an einem Tag aufgezeichnet wurden.

„Unsichtbare" Operationen sind solche, die keine äußeren Zeichen eines Eindringens in den Körper hinterlassen. Sie geschehen im Körperinneren. Nachfolgende Röntgenaufnahmen zeigen gelegentlich innere Schnitte und Nähte, aber keine äußeren Narben.

Die meisten der von Joao vollbrachten Heilungen sind unsichtbar und augenblicklich, aber jeden Tag gibt es zwei öffentliche Demonstrationen physischer Operationen. Sie dienen dazu, die Menschen „sehen" zu lassen, wie die Wesenheiten arbeiten. Man lässt dies zu, um die Mission des Zentrums zu erfüllen, die nicht nur in der Heilung der Kranken, sondern auch im Erbringen eines unwiderlegbaren Beweises zu sehen ist. Ein Beweis, dass es eine andere Dimension gibt: die Geisterwelt, in die wir alle gehen, wenn das physische Leben vorbei ist.

Spirituelle Narkose und Antisepsis

Es gibt viele Energien und viel Wissen, was den Wesenheiten zur Verfügung steht, worüber wir in der physischen Welt keine Macht besitzen bzw. nichts wissen. Einiges davon – oder die Ergebnisse davon – kann man in öffentlichen Demonstrationen beobachten: Narkose, Antisepsis und minimaler Blutverlust sind in diesem Zusammenhang einige der erstaunlichsten Techniken, die angewandt werden.

Narkose wird durch eine Kraft von der „anderen Seite" bereitgestellt, eine unsichtbare Macht, eine Art von Magnetismus oder betäubende Energie wird von Joao und besonders von seinen Händen ausgestrahlt. Der Patient steht oder sitzt völlig gelassen während des gesamten Operationsgeschehens. Es gibt keine Anzeichen von Schmerz oder Unbehagen für etwas, das unter anderen Umständen unerträglich wäre. Da es eine geringe Nachwirkung der Narkose gibt, werden die Patienten nach der Operation in den Erholungsraum gebracht. Die Narkose lässt normalerweise nach zwei bis drei Stunden völlig nach.

Antisepsis wird auch unsichtbar angewandt. Als Demonstration nimmt Joao oft einen Wattebausch, taucht ihn in eine Schale mit Wasser und berührt damit die Lippen eines Beobachters, vorzugsweise die Lippen eines Fachmanns der Medizin. Die Lippen sind, wie von allen Betroffenen berichtet wird, für einige Stunden taub und doch kann man das Wasser trinken. Es gibt keine bekannten Fälle einer Infektion im Heilungszentrum, selbst nach Hunderttausenden von Operationen in den letzten dreißig Jahren.

In moderner medizinischer Handhabung ist es normal, eine starke antibiotische Behandlung sofort nach der Operation zu beginnen, im Gegensatz zu Eingriffen durch die Wesenheiten. Antibiotika werden angesichts ihrer Anti-Leben-Nebenwirkungen nicht empfohlen. Kräuter dagegen werden häufig verschrieben. Erholungs- und Operationsraum haben einen ausgeprägten sterilen Geruch und nicht das scharfe Aroma bekannter Antiseptiken, das in Krankenhäusern so vorherrschend ist. Die Räume verbreiten eher eine leichte kühle Frische, die besonders für den aufmerksamen Beobachter wahrnehmbar ist.

Minimaler Blutverlust ist ein anderes zu beobachtendes Phänomen. Selbst bei größten Schnitten ist kaum ein Tropfen zu sehen. Dies ist sehr erstaunlich für einen Chirurgen, der weiß, wie schwer es manchmal sein kann, den Blutfluss unter Kontrolle zu bringen, ohne die Blutgefäße auszubrennen.

In Brasilien ist es nicht ungewöhnlich, dass medizinische Fachleute Medien ansprechen, um diagnostische und Behandlungsinformationen zu erhalten. In Sao Paulo gibt es eine Gruppe von Ärzten und Chirurgen, viele von ihnen haben in den Vereinigten Staaten studiert, die sich regelmäßig mit Medien besprechen. Die Medien haben die Möglichkeit, Fähigkeiten und Wissen von Doktoren in der spirituellen Welt zu erhalten, Informationen, die in unserer physischen Welt nicht verfügbar sind. Es gibt sogar ein Krankenhaus, das täglich in dieser Kooperation operiert.

Um einem Medium von der Art Joaos die gewaltige Verantwortung des Heilens der Kranken übertragen zu können, ist eine sehr spezielle Person nötig: eine Person, deren Seele sich auf ein hohes Niveau entwickelt hat und die in der physischen Welt eine unzweifelhafte Moral und Rechtschaffenheit besaß. Häufig haben Heilmedien oder Magnetismus eine starke Präsenz und eine ungewöhnliche physische Stärke. Das ist besonders der Fall bei Joao, ein Mann, der kräftig gebaut ist und eine außergewöhnlich starke Präsenz ausstrahlt. Die Individualität und Kraft des Seins existiert in Harmonie mit seiner offensichtlichen Verwundbarkeit.

Obwohl es viele studierte Intellektuelle mit hohem spirituellen Bewusstsein gibt, darunter auch medizinische Fachleute, scheint es, dass Personen, unbeeinflusst durch Bildung und der Last der absoluten, Beweis fordernden, modernen Wissenschaft, bevorzugt mit diesem „Geschenk" betraut werden. Ze Arigo, der berühmte brasilianische Heiler, der im Januar 1971 starb, war auch nur ein einfacher Mann. Joao, mit seinen zwei Jahren Grundschule, ist unbeeinflusst im höchsten Grade. Es scheint, dass die Geister diesen Weg vorziehen; vielleicht um einen Konflikt zwischen der angelernten Starrheit des studierten Bewusstseins und des unfassbaren Konzeptes der Spiritualität zu vermeiden.

Das Wesen weiß alles

Manche Menschen können die Ausmaße der Fähigkeiten der Wesenheiten nicht verstehen und akzeptieren, dass es eine Existenz gibt, die unabhängig von Zeit und Raum existiert, und die Wesen zu Energien und Wissen Zugang haben, an die wir in unserer physischen Form nicht glauben oder die wir bestenfalls als übernatürlich bezeichnen. Ebenso ist es schwierig zu verstehen, dass die Wesenheiten alles wissen, die Gedanken einer Person kennen und die Fähigkeit haben, die Grundlagen, wie vergangene Leben, Karma, Seele, Vorhaben und aktuelle Aktivitäten – gut oder schlecht –, zu lesen. Der mit einem Wesen verbundene Joao untersucht den Körper nach medizinischen Problemen im Bruchteil von Sekunden. Ihm ist durch das „Geistes-Wissen" bewusst, wenn jemand eine gewissenlose oder unanständige Absicht dem Haus gegenüber hegt.

Ein Beispiel dieses Phänomens ereignete sich im Februar 1996. Joao-in-Wesen saß auf seinem Stuhl und empfing eine lange Schlange von Menschen, die ihn sprechen wollten. Er war mit dem Wesen Dr. Oswaldo Cruz vereinigt, ein Wesen, das immer noch die strikte und disziplinierte Personalität seines physischen Lebens an den Tag legt.

Er rief ein Mitglied des Hauses herbei und sagte: „Es gibt drei Männer, die außerhalb der Halle sitzen. Sag dem mit dem blauen Blumenhemd, er solle das Gelände verlassen, er sei hier nicht willkommen." Später wurde bekannt, dass der Mann verheiratet war, eine Geliebte hatte und ein betrügerisches und egoistisches Leben führte. Das Wesen wusste, dass sein Grund, hierher zu kommen, kein moralischer war, und schickte den Mann fort, bevor er sich in die Schlange einreihen konnte.

Eine Frau, die ihn vor zwei Monaten schon einmal besucht hatte, beschwerte sich, dass die Kräuter, die sie zu einer kranken Freundin gebracht hatte, nicht helfen würden und die Freundin nach wie vor krank sei.

„Hat sie die Kräuter genommen?", fragte Joao. Natürlich, sagte sie, sei dies der Fall gewesen wäre. „Tut mir Leid, mein Kind, aber sie hat sie nicht eingenommen. Ich kann deiner Freundin nicht helfen, wenn sie die Kräuter in den Ausguss spült." Die Frau starrte ihn mit offenem Mund an und akzeptierte das neue Rezept ohne ein weiteres Wort.

In einem anderen Fall führte Joao-in-Wesen eine Operation vor den Augen einer großen Menge in der Haupthalle durch. Er beendete die Operation und drehte sich zu einem Kameramann des Fernsehens um, der die Operation gefilmt hatte, und sagte: „Du da, mit der Kamera! Du bist kein guter Mann! Du befasst dich mit den falschen Dingen. Du weißt, worüber ich spreche, oder!?"

Der Mann nahm die Kamera herunter und nickte in verblüfftem Erstaunen.

„Du musst deinen Weg ändern oder die Konsequenzen eines schweren Schicksals ertragen. Und schau dich an, du sorgst nicht gut für dich; zu viel Alkohol, rauchen und einen falschen Lebensstil. Tut mir Leid, aber es musste dir einmal gesagt werden." Mit diesen Worten drehte sich Joao wieder zu seinem nächsten Patienten um, begann, ihn zu operieren, und ließ den Kameramann mit hochrotem Gesicht zurück.

Es existieren viele aufgezeichnete Fälle, bei denen das Wesen mit den Kindern des Hauses, wie die Assistenten liebevoll genannt werden, sprechen musste. Ein solcher Fall geschah, als ein hoch geschätztes Medium, die 74-jährige Donna Ilva, die alle zwei Wochen 2 400 Kilometer reist, um spirituelle Energie in den Meditationsräumen zu erzeugen, von einem Mitarbeiter in der Küche nicht bedient wurde, der sie zu Unrecht beschuldigte, sich in die Reihe eingedrängelt zu haben. Trotz der Rückendeckung, die sie von den Umstehenden erhielt, musste sie ans Ende der Schlange zurückkehren. Als die Arbeit nach dem Mittagessen wieder anfing, rief Joao-in-Wesen alle Mitarbeiter in der Halle zusammen.

„Meine Kinder, es fehlt etwas an Respekt für unsere geschätzten Mitmenschen im Haus", sagte das Wesen und schaute auf das Medium.

„Wir sind alle Kinder des Lichtes und wir können unbedeutende Voreingenommenheit von niemandem tolerieren." Das richtete er an den Küchenhelfer. „Lasst es nicht wieder vorkommen. Liebt andere, wie ihr euch selbst liebt."

Das vielleicht traurigste und tragischste Beispiel der Fähigkeit der Wesen, alles zu sehen und zu wissen, war Joaos Warnung an seinen Neffen. Am Sonntag, den 25.02.1996, sollte sein Neffe in einem Privatflugzeug zu Joaos Grundstück in der Nähe von Anapolis zu einem Treffen kommen. Das Medium wachte bei Morgendämmerung auf, und trotz der frühen Zeit rief er seinen Neffen an und bestand darauf, dass dieser nicht an diesem Tag fliegen sollte. Das Wesen hatte Joao gewarnt, sein Neffe würde einen Unfall haben, falls er es dennoch tun sollte. Der Neffe, ein erfahrener, aber manchmal unvorsichtiger Stuntpilot, lachte nur und legte den Hörer auf. Er vertraute darauf, dass die Wesen ihn beschützen würden.

Das Medium rief erneut an und bettelte ihn an, nicht zu fliegen. Unglücklicherweise wies er die Warnung erneut zurück und verunglückte beim Landeanflug in der Nähe des Farmgrundstückes, während Joao und seine Familie zusehen mussten, wie das Flugzeug eine Hochspannungsleitung streifte und in einem Feuerball explodierte. Nicht nur, dass das Zentrum seinen Hauptapotheker verloren hatte, Joao verlor auch einen sehr nahen Freund und ein geliebtes Familienmitglied. Er war so aufgewühlt, dass er nicht im Zentrum arbeiten konnte. Tausende wurden wieder nach Hause geschickt, und seine Freunde weinten aus Kummer um ihn.

Die Wesen

Die Wesenheiten, die Joao für ihre Arbeit benutzen, waren alle außergewöhnliche Menschen in der Zeit ihrer letzten Inkarnation in der physischen Welt. Während der Vereinigung trägt jedes Wesen seine eigene Personalität aus dem letzten Leben mit sich, und die Personen, die regelmäßig im Haus arbeiten, können jeden Einzelnen an Joaos Verhalten erkennen. Es wurde von untersuchenden Wissenschaftlern aufgezeichnet, dass sich sogar die Augenfarbe an die des jeweiligen Wesens anpasst. Die erste Vereinigung, Joao war gerade sechzehn Jahre alt, geschah mit dem Geist von König Salomon. Er arbeitet immer noch mit ihm, da die Wesenheiten, nicht wie wir Menschen, unsterblich sind.

Das Hauptwesen ist der Geist von Dom Inacio de Loyola. Nach ihm wurde auch das Haus benannt. Der spanische Adlige wurde in einer der reichsten Familien Spaniens geboren. Seine aggressive und brutale Natur diente ihm als Offizier der spanischen Armee. Im Kampf gegen die Franzosen in der Schlacht bei Navarra wurde er am Bein verwundet und mit seinen Männern gefangen genommen. Seine Tapferkeit gewann den Respekt der Franzosen und sicherte ihm und seinen Männern die Freiheit. Sein Bein benötigte eine Operation, von der man annahm, dass er sie nicht überleben würde. Während der drei Tage im Koma erhielt er eine Vision vom Apostel Paul. Die Vision bewegte ihn dazu, sein Leben zu ändern, die Lehren von Jesus Christus zu studieren und sein selbstgefälliges Leben mit dem von Jesus zu vergleichen. Nach Monaten der schmerzvollen Genesung, in denen er studierte und schrieb, begann er, seinen Lebensweg umzustellen.

Ein paar Wochen nach der Entlassung erhielt er eine Vision von der Jungfrau Maria und wurde angewiesen, zu reisen und den Weg des Lichtes zu lehren. Er verschenkte sein ganzes Hab und Gut, verließ seine Familie, reiste durch ganz Spanien und predigte seine Version des Evangeliums. Er lebte das Leben eines Bettlers, wurde verspottet und schikaniert und erkrankte schließlich sehr.

Während der acht Tage, die er im Koma in einem Krankenhaus verbrachte, ohne zu essen oder sich zu bewegen, erhielt er viele Visionen von Geistern, die ihn ermutigten, weiterzumachen. Er erholte sich und 1524 pilgerte er nach Bethlehem, um seine Studien fortzuführen. Als er nach Barcelona zurückkehrte, gründete er den Jesuitenorden, eine religiöse Fraktion, die der herrschenden Kirche kritisch gegenüberstand. Es war die Zeit der spanischen Inquisition und seine Lehren waren nicht willkommen bei den Kirchenvorstehern. Er wurde wegen Ketzerei verhaftet und mit Mördern und anderen Kriminellen ins Gefängnis geworfen, aber sein Leiden bestärkte ihn nur noch mehr in seinem Entschluss. Als er wieder entlassen wurde, untersagte man ihm das Lehren von Religion in Spanien und so reiste er nach Paris und dann nach Holland, wo er 1534 einen anderen Orden gründete.

Trotz der ständigen Verfolgung scharte er durch seine spirituelle Leitung und das Heilen durch Handauflegen eine große Anzahl an Gefolgsleuten um sich. Er zog nach Rom, wo er eine weitere große Gefolgschaft um sich versammelte, die über die Zeit zu groß wurde und 1540 vom Papst anerkannt werden musste. Schließlich wollte er nach Brasilien reisen, um die gute Arbeit der Jesuiten zu verbreiten, aber er wurde krank und war gezwungen, nach Rom zurückzukehren. Dort starb er dann im Jahre 1556.

Das Haus wurde wegen der Ähnlichkeit der Leben von Joao und diesem Wesen nach Dom Inacio benannt. Beide waren in ihren Leben ständigen Verfolgungen, Einkerkerungen und Verspottungen ausgesetzt. Beide lehrten eine einfache, spirituelle Philosophie, die auf eine frühe Religion, den Glauben an Gott, Jesus und dem heiligen Geist und auf eine Wiedergeburt basiert und nicht durch moderne religiöse Dogmen beeinflusst wird.

Wenn Joao mit dem Wesen von Dom Inacio verbunden ist, wirkt er ruhig, geduldig und väterlich. Sein offensichtlich unendliches Mitleid ist leicht zu beobachten und bringt Tränen und andere emotionale Reaktionen in den Patienten hervor, die seine heilende Energie erfahren.

Oswaldo Cruz, ein anderes Hauptwesen, war verantwortlich für die Ausrottung von Gelbfieber in Brasilien und führte viele wissenschaftliche Experimente an verschiedenen endemischen Krankheiten durch. In seinem späteren Leben assistierte er bei der Planung von Brasiliens moderner Hauptstadt Brasilia. Er war ein direkter und rechtschaffener Mensch mit hoher Selbstdisziplin. Seinen prägnanten und disziplinierten Charakter kann man leicht wiedererkennen, wenn er mit Joao verbunden ist. Oft erteilt er einen dringenden Hinweis an Patienten oder Beobachter, wenn er einen undisziplinierten Charakter sieht, häufig zum Erstaunen der Betroffenen. Ist dieses Wesen mit Joao vereinigt, fordert er alle Armbanduhren abzunehmen, da diese die Energieströme beeinflussen.

Über das letzte Leben von Dr. Augusto de Almeida ist nur wenig bekannt, außer dass er ein Allgemeinarzt und Chirurg war, der sein spirituelles Bewusstsein mit seiner medizinischen Erfahrung, die der Behandlung von Patienten, verband. Das Auftreten von Joao bei einer Vereinigung mit ihm ist von ruhiger, fürsorglicher Natur und stark autoritärer Personalität. Er ist sehr ernsthaft in seiner Arbeit, während man seine disziplinierte Natur in der extremen Perfektion seiner Operationen beobachten kann. Er wird jeden rügen, der seine Arbeit nicht respektiert, und jegliche Unterbrechung während der Behandlung eines Patienten fordert einen missbilligenden Blick heraus. Als einer der

Hauptchirurgen im Haus widmet er seine ganze Aufmerksamkeit und Konzentration den Patienten.

Dr. Jose Valdivino verkörpert einen anderen wertvollen Chirurgen, über den nur wenig bekannt ist. Seine Präsenz ist erkennbar durch eine extrem liebevolle und fürsorglich Aufmerksamkeit, die er seinen Patienten schenkt. Er stellt eine Vaterfigur für alle im Haus dar und besitzt eine unglaubliche Energie, die benutzt wird, Gelähmte in einer wahrhaft wundersamen Weise zu heilen. Oft ist eine Berührung mit der Hand und eine Aufforderung aufzustehen und zu gehen, alles, was er tut.

Andere Wesenheiten sind König Salomon und Dom Ingrid, ein außergewöhnlich starkes Wesen, über das wir auch nur wenig wissen. Ihre Energie ist so stark, dass Joao Nasenbluten bekommt, wenn sie zu nah an ihn herankommt. Von den dreiunddreißig Wesenheiten geben viele ihre Identität nicht bekannt, aber sie sind alle hoch spezialisiert auf ihren Gebieten. Es sind Anwälte, Theologen, Zahnärzte, Chirurgen, Kieferorthopäden und Herbalisten. Jeder gibt spezielle Ratschläge, wenn sie nötig sind.

KAPITEL 6

DIE KINDER DES HAUSES

„... Es gibt eine überzeugte Auffassung, dass Menschen eine große Breite paranormaler Fähigkeiten besitzen, die, in einem großen Ausmaß weiterentwickelt, eine neue Form des Lebens auf der Erde entstehen lassen würde."

Michael Murphy, The Future of the Body

Im Gegensatz zu den meisten Medien arbeitet Joao in einer Art hypnotischer Trance und kann sich nicht an seine Taten erinnern, wenn er in Verbindung steht. Deshalb ist er in großem Maße abhängig von der Hilfe anderer, um seine Aktionen und die Direktiven der Wesen aufzuzeichnen und zu helfen, dass alles im Haus seinen geordneten Gang geht. Die permanent steigende Zahl Hilfesuchender bringt viel Arbeit in das winzige Hospital und könnte ohne die Mithilfe von Freiwilligen nicht funktionieren. Diese über zweihundertfünfzig Helfer werden von Joao und den Wesenheiten liebevoll „Kinder des Hauses" genannt.

Die meisten der Helfer hatten ihre eigenen lebensbedrohenden Probleme. Aus Dankbarkeit für diese zweite Chance opfern sie gern jede mögliche Zeit, die sie entbehren können, für das Funktionieren des Hauses; entweder als Administratoren, Assistenten oder um die nötigen Energieströme in den Meditationsräumen zu erzeugen. Wann immer das Haus in ferne Provinzen reist, wäre der Transport von Gepäck, pharmazeutischen Artikeln und Menschen ohne den Einsatz dieser hingebungsvollen Engel kaum vorstellbar. Und Engel sind sie, zeigen sie doch tiefes Mitgefühl, Liebe und Sorge für jede kranke Person die, wie sie auch, Hilfe sucht.

Obwohl der Platz nicht ausreicht, die Geschichten aller Mitarbeiter aufzuzeichnen, sollen an dieser Stelle einige erzählt werden.

Die Praxis von Dr. Ronei Pappen ist in der Rua Santo Antonio 653, in Porto Alegre. Am 22. August 1995 hatte Dr. Pappen einen verheerenden Autounfall. Ohne Vorwarnung fraß sich der Motor fest und katapultierte das Auto durch die Gegend.

Er erlitt massive Verletzungen, als er durch die Windschutzscheibe geschleudert wurde. Sein zerschmetterter Schädel wurde hinter dem rechten Ohr zertrümmert und drückte auf den Sehkanal, wodurch das rechte Auge heraushing und nach unten blickte. Er war völlig blind. Hinzu kamen noch erhebliche innere Verletzungen und ein großer Teil der Haut und Muskeln waren von seinen Beinen und seinem Rücken gerissen wurden.

Glücklicherweise wusste er von Joao, und als er im Krankenhaus das Bewusstsein wiedererlangte, sagte er einem Freund, er solle Abadiania anrufen. Joao-in-Wesen riet ihm, nicht zu reisen, bis er sich etwas mehr erholt hatte, da die Dekompression eines Flugzeugtrips unheilbare Schäden verursachen würde. Er solle warten, bis er fit genug sei, im Auto zu reisen. In der Zwischenzeit wurden seine Wunden vernäht und verarztet, aber er war immer noch blind. Seine Kollegen sagte, dass er nie wieder sehen könne.

Am 12. Oktober war Ronei endlich fähig, nach Abadiania zu reisen, wo die Wesenheiten eine Reihe von unsichtbaren Operationen an ihm durchführten. Obwohl der Schaden groß war, erhielt er nach und nach seine volle Sehkraft und eine gute Gesundheit zurück. Jetzt nutzt er sein Verständnis und den Glauben an die Unterstützung durch die Wesen in seiner eigenen medizinischen Praxis und widmet eine große Menge seiner Zeit, Joao im Haus zu unterstützen.

Die meisten Frauen über zweiundsechzig genießen den Ruhestand und lassen sich am Strand die Haut bräunen, aber eine Lady aus Vitorio, Espirito Santo, verbrachte ihre Zeit damit, den Kranken zu helfen. Jeden Dienstag um neunzehn Uhr konnte man sie in den Straßen finden und beobachten, wie sie einen Bus mit Menschen voll packte – 1 250 Kilometer von Abadiania entfernt. Ihre Reisegäste waren keine Urlauber, sondern allesamt krank; sie litten an Krebs, Arthritis, Leukämie, Prostatakrebs und vielen anderen Krankheiten. Viele von ihnen waren schon jenseits der Hilfe der modernen Medizin.

Jede Woche brachte Dona (Lora) Leuzenita das Neves Nunes ihre wertvolle Fracht über schlechte Straßen von der Küstenstadt Vitorio in das Bergdorf Abadiania. Dort, im Heilungszentrum des Casa de Dom Inacio, erhielten sie ihre Behandlung und Heilung von Joao Teixeira da Faria.

Der grauenvolle Bustrip nimmt jeweils vierundzwanzig Stunden für Hin- und Rückfahrt in Anspruch und Dona Lora, wie sie liebevoll genannt wird, sorgt unentwegt für die Passagiere, manchmal ohne zu schlafen. Sie sagt, dass die Zufriedenheit, die sie fühlt, wenn sie eine Busladung Kranker zum Haus bringt und mit einer Busladung glücklicher und gesunder Menschen wieder zurückfährt, der Mühe wert sei.

Vor vier Jahren als Dona Lora verzweifelt Hilfe für sich und ihren kranken Sohn suchte, gab es keine Möglichkeit nach Abadiania zu reisen. Sie nahm den regulären Bus nach Brasilia und musste auf einer Bank im Busbahnhof übernachten, um am nächsten Morgen in den Bus nach Abadiania einsteigen zu können. Nach der Behandlung gab es keinen Bus zurück nach Brasilia, erst am nächsten Morgen wieder, und sie musste die Nacht über hier bleiben. Die Reise war sehr anstrengend, selbst für eine gesunde Person, weil sich aber ihre Gesundheit in einem schlechten Zustand befand, war es ein Albtraum für sie. Da jedoch für sie und ihren Sohn weitere Behandlungen nötig waren, musste sie die grauenvolle Reise noch zweimal über sich ergehen lassen. Beim letzten Trip wurde sie von dem Wesen gerufen und gefragt, ob sie Busse arrangieren könnte, um kranke Menschen von Vitorio nach Abadiania zu bringen. Als sie sich erholt hatte, suchte sie nach einer Möglichkeit, einen speziellen Bus für eine direkte Tour nach Abadiania zu mieten. Am Anfang war sie nicht sehr bekannt und musste häufig Geld investieren, um lose Enden zusammenzubringen.

Heutzutage stellt sich die Sache anders dar. Dona Lora ist gut bekannt im Haus und sie selbst ein respektiertes Medium, die jede freie Minute verwendet, „in Strömung" zu sitzen. Sie versteht die Prozeduren im Haus und stellt sicher, dass jeder Einzelne ihrer Patienten die Anforderungen einer nachoperativen Heilung einhält, um eine schnelle Erholung zu gewährleisten. Durch Mund-zu-Mund-Propaganda wurden ihre Bustouren schnell bekannt. Heute ist sie so bekannt, dass sie manchmal zwei bis drei Busse auf einmal nach Abadiania zusammenstellen muss. Es ist ein ermüdender Trip, aber Dona Lora hat sich nie beschwert. Für sie wurde es ihr Weg ins Leben.

„Wenn ich es nicht täte, wer würde den Menschen sonst helfen, wieder gesund zu werden?", sagte sie. „Ich weiß noch, wie ich mich fühlte, als ich krank war, und einige Menschen sind viel zu krank, die Strapazen einer regulären Busverbindung zu überstehen.

Es ist nicht nur die Organisation der Busse, die Dona Lora zu einer modernen Heiligen macht. Sie organisiert obendrein einen Platz zum Übernachten, arrangiert eine Behandlung durch den Heiler und sorgt für das Wohlbefinden eines jeden einzelnen Patienten während der ganzen Zeit der Tour. Manchmal holt sie die Menschen auch mit ihrem Auto von zu Hause ab und bringt sie zum Bus.

Oft steht sie in der Fahrerkabine, wie ein seefahrender Kapitän an der Spitze seines Schiffes, wenn sie mit ihrem 43-Sitze-Bus über die

Autobahn rollt. Nach vier Jahren des Transportierens von Kranken und Verkrüppelten nach Abadiania gibt es eine lange Liste von Menschen, die ihr neues Leben einer hingebungsvollen Frau und dem Haus Dom Inacio verdanken.

Dona Lora ist, wie gesagt, nur eine von vielen, die Busse nach Abadiania organisieren, von überall in Brasilien. Beatrix Macedo aus Ivoti und Helena aus St. Maria organisieren Busse jede Woche von Rio Grande do Sul, eine Stadt, die 3 000 Kilometer entfernt liegt. Andere reisen aus Salvador an im Norden, Sao Paulo und Rio de Janeiro im Süden und Mato Grosso do Sul im Südwesten. Schon auf westlichen Superhighways wäre das eine erstaunliche Entfernung, aber hier auf den verhältnismäßigen schlechten Straßen sind sie wirklich bemerkenswert wie die Menschen, die sie zurücklegen.

Bauingenieur Adail Balla Bernadina, wohnhaft in 304 Sul Block C in Brasilia, hinterließ seine beweiskräftige Aussage in den Hausakten.

„Ich kam zum Haus Dom Inacio, weil ich ein Heilmittel für meine Tochter, die eine klassische Ballerina war, suchte. Ihre Beine gaben plötzlich auf und sie konnte kaum noch laufen. Die allopathische Medizin zeigte keine Wirkung und ihr wurde diagnostiziert, dass sie Tendinitis hatte, was durch ihr Tanzen verursacht wurde, aber keine Untersuchung konnte das beweisen. Physisch war sie ein völlig gesundes Mädchen, außer den Schmerzen in den Beinen, die so schlimm waren, dass sie nicht mehr laufen konnte. Als wir sie ins Sara-Kubitschek-Krankenhaus einlieferten, musste sie auf einer Trage transportiert werden. Alle Untersuchungen brachten normale Ergebnisse und waren nicht sehr aufschlussreich.

Nachdem wir vom Haus gehört hatten, kamen wir hierher, und nach einer Reihe von Behandlungen wurde sie geheilt. Sie ist jetzt wieder völlig gesund. Als eine Form der Dankbarkeit, für das, was die Wesen für meine

Tochter getan haben, komme ich jeden Donnerstag hierher, um denen, die meine Hilfe brauchen, zu assistieren. Auch meine Tochter und meine Frau opfern ihre Zeit dem Haus."

Adail arbeitet im Verwaltungsbüro des Hauses, sortiert Beweisaussagen von Hunderten von Briefen der Dankbarkeit, übernimmt die Korrespondenz und hilft in den täglichen Dingen, wenn Joao mit seinen Wesen vereinigt ist.

Einer der Helfer, die am längsten hier sind, ist Sebastion da Silva Lima aus Anapolis, Rua 12, Quadra 16.

Sebastion studierte, um Priester zu werden, als er Joao das erste Mal traf, der ihn zu einer internationalen Tour einlud. Sie sind seither vertraute Freunde. Theo, wie er liebevoll genannt wird, assistiert Joao über sechsundzwanzig Jahre lang und sagt: „Jedes Mal, wenn ich ein Lächeln sehe, ein erneuertes Leben, weiß ich, dass meine Arbeit etwas wert ist. Seine Hauptfunktion ist allgemeiner Koordinator und gleichzeitig Pressesprecher.

Er dirigiert die Menschen, die eine Heilung erhalten, hält die allmorgendliche Informationsansprache, hilft jenen, die für eine erste oder zweite Behandlung hier sind, und, wichtig, unterstützt bei der Operation durch die Auswahl der Wesenheit. Die Bedeutung seiner Funktion bringt die Leute zusammen, sodass die Wesen so schnell und effizient wie möglich an vielen Menschen operieren können.

Theo selbst ist ein starkes Medium, obwohl er es in seiner Bescheidenheit nicht öffentlich zugibt. Er, wie so viele der Helfer, ist fähig mit Joao-in-Wesen auf eine Art zu kommunizieren, die als ESP bekannt ist. Häufig, während er mit jemandem spricht, rollen seine Augen nach oben und er wird die Unterhaltung mit der Bemerkung, dass Joao ihn

„ruft", unterbrechen. Man muss das Zentrum nur ein paar Tage besuchen, um diese bemerkenswerte Energie zu fühlen. In einer solchen Umgebung ist diese Form der Kommunikation nicht überraschend.

Paulo Vitor Amaral Braga kennt das Medium schon zweiunddreißig Jahre und bekleidet die vertrauensvolle Aufgabe des Verwalters im Haus. Man kann ihn beim Sicherstellen, dass das Kaffeehaus richtig läuft, beim Verteilen der Medizin und bei allen möglichen anderen Aufgaben des Hauses beobachten.

Ein wichtiger Teil der Haustätigkeiten stellt die *Strömung* dar – der „Stromgenerator" der Medien, die meditieren und eine höhere Quelle der Energie anzapfen. Diese Energie nutzt Joao-in-Wesen für seine wundersamen Heilungen. Es gibt über hundert Medien, die sich zu verschiedenen Zeiten dieser wichtigen Arbeit widmen. Die meisten dieser speziellen Menschen wurden von ihrer eigenen lebensbedrohenden Krankheit von den Wesen geheilt und zeigen dadurch jetzt ihre Dankbarkeit im Haus. Eine dieser Personen ist Donna Ilva Ramalho de Menezes.

Donna Ilva war Teil der sozialen Elite Brasiliens. Ihr Mann verdiente sehr gut im Kaffeegeschäft und in ihrer Zeit schöpften sie aus dem vollen Leben, was Geld und Position mit sich brachten. Aber Reichtümer können in Brasilien schneller verloren gehen, als man sie erwirtschaften kann, und die Menezes büßten das meiste ihrer Reichtümer wieder ein. Nachdem kurze Zeit später Donna Ilva auch noch ihren Mann verloren hatte, wurde sie sehr krank und suchte Hilfe bei einem Arzt. Ihr Zustand verschlechterte sich zusehends und die starken Medikamente ließen ihre wunderschönen Haare ausfallen. In ihrer Verzweiflung wendete sie sich an Joao, der sie in einer Reihe von Behandlungen von ihrer Krankheit heilte. Ihre Haare sind wieder gewachsen und mit ihnen ein neues Verständnis davon, was wichtig ist. Donna Ilva ist jetzt vierundachtzig und alle zwei Wochen reist sie 1 200 Kilometer nach Abadiania, um in den Meditationsräumen die „Strömung" anzuzapfen. Sie ist ein hoch respektiertes Mitglied des Hauses und eine von Joaos stärksten und vertrauenswürdigsten Medien.

Eine der erstaunlichsten Geschichten erzählt man sich von Dr. Roger Queiroz, Psychologe von Beruf. Roger, wie so viele andere, lebte sein Leben, als gäbe es kein morgen, lebte in den Tag hinein, ohne eine Vorstellung davon zu haben, dass es Lektionen auf dem irdischen Weg zu lernen gibt.

Er brachte seine Mutter mehrere Male zum Haus Dom Inacio, das erste Mal vor sechzehn Jahren. Er erinnert sich, wie seine Mutter sagte, dass die Heilung einige Besuche nötig mache. Als sie ihm erklärte, die komischen Gefühle, die sie in sich spüre, seien ein Teil der Heilung durch die Wesen, lachte er nur und streichelte ihre Hand. In seinem Herzen lehnte er die eigenartige Behandlung ab und sah die ganze Sache als lächerlich an. Trotz allem fand er es interessant, dass die Menschen im Haus ihn immer mit Liebe und Mitgefühl behandelten.

Im Alter von neunundvierzig Jahren war sein Herz so krank, dass er in ein paar Monaten hätte sterben müssen, würde er sich nicht einer aufwendigen Operation unterziehen. Obwohl er von Joaos Arbeit wusste, akzeptierte er sie sturerweise nicht und arrangierte eine Operation in Sao Paulo durch seine medizinischen Kollegen. Am letzten Tag, an dem er seine Mutter zu Joao brachte, „sah" das Wesen sein Problem und sein Vorhaben. Er nahm ihn bei der Hand und sagte: „Bitte, lass dich nicht operieren. Ich werde dich heilen." Dr. Roger dankte ihm und lehnte freundlich ab.

Er kam nach einer grauenvollen 32-stündigen Busfahrt von Brasilia um sieben Uhr morgens in Sao Paulo an. Als er ausstieg, kam ein alter

Mann mit grauweißem Haar auf ihn zu und sprach ihn an: „Willst du die Operation wirklich durchführen lassen?"

Roger, etwas überrascht, erwiderte: „Woher weißt du von meiner Operation?"

Der Mann fuhr fort, als ob er die Frage nicht gehört hätte: „Sei dir sicher, dass du weißt, was du tust, mein Freund!"

Roger war ein wenig gekränkt durch die Einmischung und erwiderte etwas sarkastisch: „Du scheinst ja alles zu wissen, dann sag mir doch, wo das Krankenhaus ist."

Der Mann zeigt die Straße runter, und als Roger in die gezeigte Richtung schaute, verschwand der Mann. Roger war für neun Uhr eingetragen und die Operation sollte um dreizehn Uhr stattfinden. Gegen elf Uhr, als er in seinem Bett lag, fühlte er die Anwesenheit von jemand anderem. Herausfordernd sagte er laut: „Also gut, wenn du so besorgt bist, dann heile mich doch!"

Zu seiner Überraschung antwortete eine Stimme: „Wenn du nicht sofort operiert wirst, wirst du sterben."

Innerhalb von Minuten erlitt Roger einen massiven Herzstillstand und wurde bewusstlos. Obwohl man ihn umgehend in den Operationsraum brachte, blieb die Operation aufgrund des schlechten Zustandes seines Herzens erfolglos. Die Ärzte versuchten mit allen Mitteln, ihn zu retten, aber ohne Erfolg und nach zwei Tagen verstarb er.

Seine Frau Margalie befand sich immer noch zu Hause in Brasilia. Gerade in dem Moment, als ihr Mann starb, rief sie das Krankenhaus an. Im Schock, ihren Mann zu verlieren, rief sie schnell einen Freund an, von dem sie dachte, dass er Joaos Nummer haben könnte. In diesem Augenblick entfernten die Ärzte die Schläuche und Wiederbelebungsapparate von seinem Körper. Der Freund suchte die Nummer aus dem Telefonbuch heraus und gab sie Margalie, die umgehend das Zentrum in Abadiania anrief. Jede verlorene Minute verringerte die Chance einer Wiederbelebung von Roger.

Das Telefon im Zentrum befindet sich im Kaffeeladen etwa fünfzig Meter von Joaos Arbeitsstelle entfernt. Nachdem eine junge Frau den Anruf entgegengenommen hatte, rannte sie zu Joao-in-Wesen und erzählte ihm vom Tod des Mannes. Sofort begannen die Wesen, die Lebenskraft in Roger zu aktivieren, dessen Körper auf einem Wagen lag und schon in Richtung Leichenschauhaus unterwegs war. *Roger war schon über dreißig Minuten tot.* Dass er wieder zum Leben erwachte, stellt schon ein Wunder dar, aber dass er sich ohne Gehirnschäden wieder erholen konnte, war sehr erstaunlich für die Ärzte, die den Vorfall beobachteten. Roger erinnert sich nur, dass er eine Hand auf seiner Schulter spürte, als er wieder ins Leben kam, aber es befand sich niemand in seiner unmittelbaren Nähe.

Roger ist seitdem ein überzeugter Helfer im Haus. Jede Woche steht er vor der Menge und erzählt seine Geschichte. Er fleht sie an, ihre Lebensweisen einmal ganz genau zu betrachten, ihre Glaubensweisen und ihre Einstellung zu Freunden und Familie neu einzuschätzen, und im Geiste von Nächstenliebe, Fürsorge, Rücksichtnahme und Rechtschaffenheit zu leben.

An dem Tag, als ich die Geschichte von Dr. Roger aufnahm, holte er mich gegen zwei Uhr dreißig aus dem Meditationsraum. Sein Onkel war im Krankenhaus in Rio de Janeiro und litt unter Hepatitis A, B und C, des Weiteren hatte er eine vergrößerte Leber, die nur spasmodisch arbeitete. Die Ärzte glaubten nicht an sein Überleben. Ein Hilferuf von Rogers Frau bei Joao-in-Wesen bekam die Antwort: „Rufen Sie Ihren Onkel in zwanzig Minuten an!"

Margalie rief das Krankenhaus an, und er kam ans Telefon.
„Es geht mir wundervoll", sagte er, „ich kann mich nicht erinnern, wann ich mich jemals so gut gefühlt habe." In diesen zwanzig Minuten hatte ihn das Wesen im Krankenhaus behandelt, seine Krankheit entfernt und seine Lebenskraft erneuert.

Einer der unermüdlichen „Engel" des Hauses ist eine kleine Lady mit langen schwarzen Haaren. Elza Alabarce ist von Beruf Professorin der Architektur an der Universität von Brasilia; ferner ist sie eine hingebungsvolle Bildhauerin.

Elza arbeitet seit vier Jahren freiwillig für das Haus. Sie bereitet die Instrumente für die Operationen vor, leitet die Meditationsräume, überwacht den Ablauf der Interviews zwischen den Patienten und den Wesen und hält morgendliche Vorlesungen. Ihr Beitrag als Koordinatorin der täglichen Aktivitäten ist von unschätzbarem Wert.

Die in Ivoti lebende Renate Hock Apple kam das erste Mal hierher, um ihr chronisches Rheuma heilen zu lassen. Das war vor sechs Jahren. Seitdem hilft sie im Haus, wo sie kann. Liebevoll, angenehm und warmherzig; ihre immer so hilfreiche Natur ist ein willkommener Anhaltspunkt für die vielen kranken und desorientierten Menschen, die ihre Hilfe suchen. Renate trägt außerdem zur Aufsicht des Operationsraumes bei und übernimmt die nachoperativen Gespräche, falls notwendig.

Orvalino Da Costa arbeitet im Haus, seit ihn Joao von seinen chronischen Augenproblemen und schlimmen Hämorrhoiden vor eineinhalb Jahren geheilt hat. Er regelt die Reihen der Patienten, die Joao-in-Wesen sehen wollen, hilft die Patienten nach der Operation in den Erholungsraum zu tragen und assistiert in der Organisation der physischen Operationen. Orvalino, der sich noch genau an die Notwendigkeit von

Direktiven erinnert, als er das erste Mal hierher kam, ist jederzeit bereit, einen neuen Patienten mit Sympathie und Liebe zu leiten.

Geraldo Adao Porrecuppi hilft im Haus seit vier Jahren, seitdem Joao seinen 20-jährigen Sohn von einer ernsthaften Wirbelsäulenverletzung geheilt hatte. Sein Sohn zog sich diese Verletzung zu, als er in seinem Auto über eine Klippe stürzte. Geraldo lenkt den Hauptmeditationsraum und assistiert bei den physischen Operationen.

Jose Roberto Batista Brum, ein hoch gewachsener, gut aussehender Professor an der Escola Technica Federal de Goias, kam das erste Mal in einem Furcht erregenden Zustand ins Haus. Zu dieser Zeit lebte er in Rio de Janeiro und litt unter starken Schmerzen in den Beinen, die ihn fast zum Krüppel machten. Da sein ganzer Körper offene Wunden zeigte, war er überzeugt, AIDS zu haben. Der Gedanke beängstigte ihn, und je mehr er darüber nachdachte, umso schlimmer wurden die Wunden. Ein Arbeitskollege, der häufig nach Abadiania reiste, brachte ihm Kräuter mit und er begann, sich zu erholen. Sein Freund teilte ihm aber auch mit, Joao möchte, dass er selbst komme und das Wesen sieht.

Ein paar Wochen später fuhr Robert nach Abadiania und stand vor dem Wesen.

„Mein Sohn", sagte es, „du bist ein mächtiges Medium, und der Grund deiner Krankheit ist die Unterdrückung deiner Fähigkeiten. Die unterdrückte Energie verursacht die Krankheit. Du musst es herauslassen oder es wird dir nicht besser gehen."

Roberto zog mit seiner Familie von Rio weg und arbeitet seitdem im Haus, arrangiert seine Vorlesungen um seine Arbeit als Volontär herum. Seine Qualitäten als mächtiges Medium stellen einen willkommener Beitrag in Abadiania dar.

Platzmangel erlaubt nicht, alle Kinder des Hauses aufzuführen: die wundervollen Krankenschwestern, die sich fürsorglich um die Patienten im Erholungsraum kümmern; die Leute, die die Kräuter verteilen und versuchen, beim Verteilen von manchmal über 5 000 Flaschen am Tag in 10-Stunden-Schichten häufig ohne Pause mitzuhalten; die Medien, die in Meditation sitzen, manchmal vier Stunden und länger, um die notwendige Strömung zu erzeugen; das Küchenpersonal, das für bis zu 3 000 Menschen Suppe kocht und verteilt; die Assistenten, die bei den physischen Operationen und bei vielen anderen kleinen Dingen helfen; das Videopersonal, das Platzpersonal, die Gärtner und nicht zuletzt die Direktoren, die die Verantwortung der Leitung des ganzen Komplexes des Hauses Dom Inacio übernommen haben.

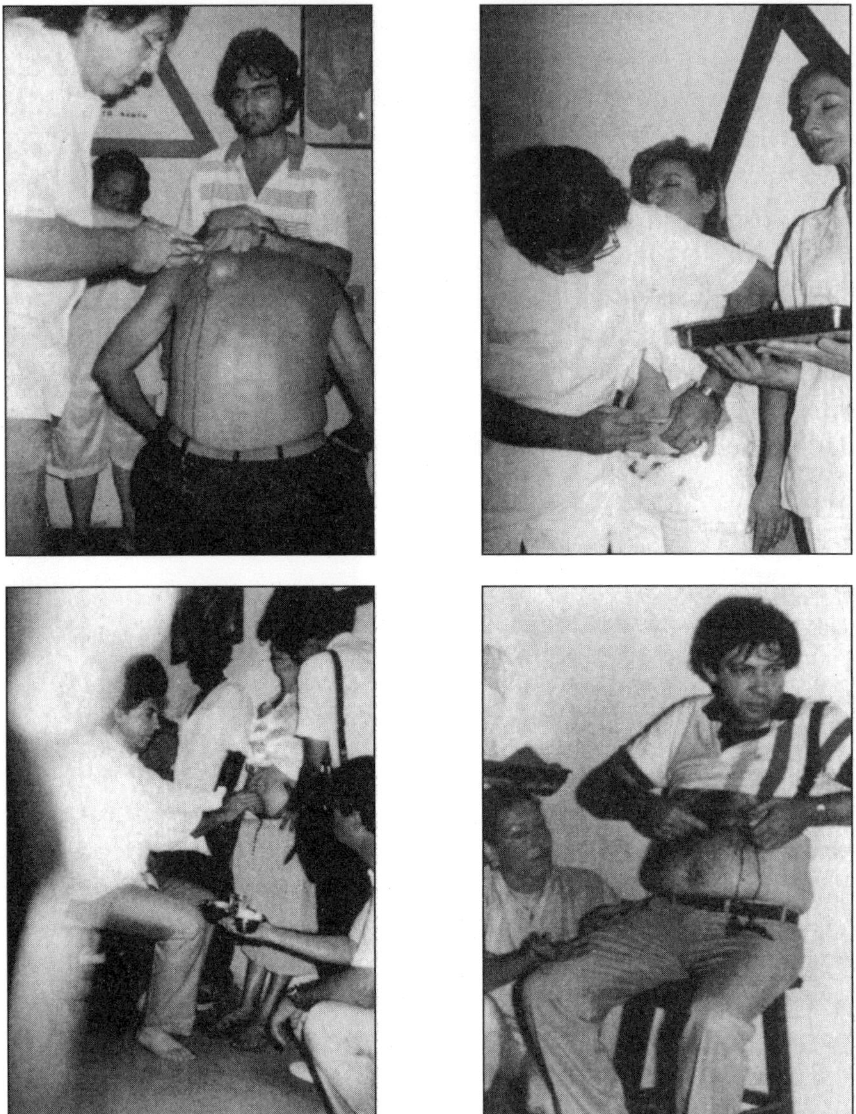

Joao-in-Wesen bei verschiedenen Operationern und bei einer Herzoperation an sich selbst

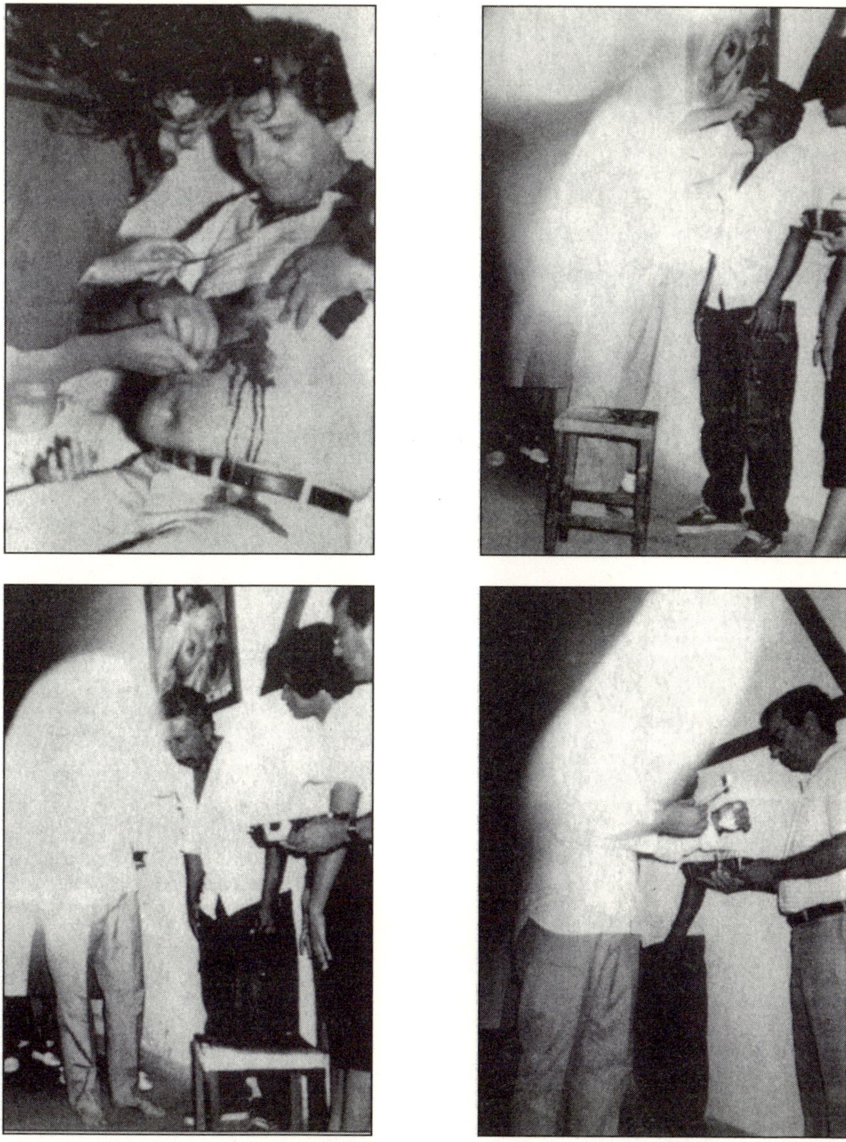

Joao-in-Wesen bei einer Herzoperation an sich selbst
und die in der Fotografie sichtbare Energie der mit ihm verbundenen Wesen

Dr. Cruz

Dr. Menezes

Dom Inacio

Dr. Almeida

nicht mehr benutzte Krücken und Rollstühle

Menschen warten um Joao-in-Wesen zu sehen

KAPITEL 7

REICH, ARM UND BERÜHMT

Krankheit ist der große Gleichmacher für die ganze Menschheit. Egal, welchen Status du im Leben genießt: Krankheiten machen vor keinem Halt. Von den Massen, die hierher kommen und Joaos Hilfe suchen, ist der größte Prozentsatz arm und hat wenig materiellen Reichtum. Natürlich gibt es da auch jene, die in hohen Positionen der Regierung oder Gesellschaft arbeiten, und einige, die jenseits des normalen Verständnisses reich sind – doch in Joaos Augen sind sie alle gleich. Jeder von ihnen ist nur eine Seele in einem kranken Körper oder ein krankes Bewusstsein, das nach Erleichterung von körperlichen Schmerzen sucht. Obwohl er Tausende jedes Jahr behandelt, sieht man das Ausmaß seiner außergewöhnlichen Fähigkeiten erst richtig, wenn er jemanden von sozialer Prominenz und Reichtum, der Zugang zu den modernsten und teuersten Forschungen hat, erfolgreich behandelt und man die Ergebnisse vergleichen kann.

Prominente und bekannte Personen aus der ganzen Welt haben seine Hilfe aufgesucht, nachdem die moderne Medizin sie aufgegeben hatte. Das ganze breite Spektrum der Menschheit wurde erfolgreich von Joao behandelt – Schauspieler, Abgeordnete, Politiker, Anwälte, Rabbis, Priester, Nonnen, Angehörige der russischen und amerikanischen Regierung, Ärzte, Wissenschaftler, Sänger, Entertainer, Millionäre, Unternehmer, Industrielle und andere wichtige Leute. Der vielleicht am meisten berichtete Fall ist der der Schauspielerin Shirley McLaine, die spirituell eine sehr bewusste Person ist. Sie verkörpert ein lebendes Beispiel, dass Spiritualität, Menschlichkeit und Sorge um seine Mitmenschen nicht nur auf Unterprivilegierte beschränkt sind. Diese Tugenden können angenehme Begleiter auf der Reise durchs Leben sein, unabhängig von der eigenen gesellschaftlichen Stellung. Ihre

Geschichte wird am besten durch die Schlagzeilen wiedergegeben, die ihrem Besuch folgten:

MANCHETE EXCLUSIVE, 2. März 1991

By Fernando Pinto

Medium operiert Shirley McLaine

BRASILIA, gestern. Die amerikanische Sängerin und Schauspielerin Shirley McLaine unterzog sich einer „spirituellen Operation", um einen Krebstumor aus ihrem Unterleib entfernen zu lassen. Sie kam mit großen Schmerzen am Donnerstag in Brasilia an.

Frau McLaine kam in Abadiania (Go), etwa hundertzwanzig Kilometer von Brasilia, unter großen Schmerzen an. Nach der „spirituellen Operation" durch das Medium Joao Teixeira da Faria (auch bekannt als Joao de Deus oder Joao, der Heiler) zeigte die Schauspielerin, laut Zeugenaussagen, tiefe Emotionen für das, was für sie getan wurde, und sagte, dass sie keinen Schmerz mehr fühle.

Die Operation wurde durch die Wesenheit Dr. Augusto de Almeida durchgeführt, die mit Joao de Deus verbunden war. Während der fast zweistündigen Operation lag die Schauspielerin auf einem mit einem weißen Lagen bedeckten Tisch.

Die Operation wurde vollständig nur mit den Händen durchgeführt, mit ihnen entfernte das Medium den Tumor aus dem Körper der Schauspielerin. Keine Messer oder anderen Geräte wurden benutzt. Die Operation war sehr bewegend für alle Anwesenden im Raum, in dem Joao de Deus arbeitete und der ‚der Raum des Segens' genannt wird.

Die Schauspielerin verließ Abadiania im Auto und fuhr direkt nach Brasilia. Sie wohnte im Hotel Eron, eines der 5-Sterne-Hotels der Stadt. Die Reservierung wurden mehrmals bestätigt und widerrufen. Diese Strategie, um die Presse zu täuschen, wurde auch vom Piloten des Flugzeuges angewendet, der ohne Passagiere verschiedene Strecken flog.

Frau MacLaines Besuch im Tal des Sonnenaufganges – regional und international bekannt für seine Mystik – wurde heute bestätigt.

Fünf Tage später, am 7. März 1991, wurde die Geschichte durch die Reporterin Monica Prado von der Zeitung O GLOBO bestätigt:

Medium bestätigt Operation an MacLaine

Der Besuch der Schauspielerin in Abadiania wurde dokumentiert.

Abadianias Medium Joao Teixeira, der am letzten Freitag eine spirituelle Heilung an der amerikanischen Schauspielerin Shirley MacLaine vorgenommen hatte, bestätigte, korrigierte aber einige Fakten.

Im Gegensatz zu dem, was die Schauspielerin in einem schnellen Interview in Rio de Janeiro zu einem O GLOBO Reporter sagte, der die Nachricht von Shirley MacLaines Besuch in Abadiania verbreitete, litt sie nicht an einem Trauma im Gehirn. Anstelle dessen hatte die Schauspielerin Magenkrebs. Das Medium sagte, dass das Geschwür während der Operation entfernt wurde.

„Sie war hier und erzählte mir nur, was sie hat. Aus ethischen Gründen bin ich nicht befugt, weitere Details zu erörtern. Ich kann auch nicht viel dazu sagen, da ich ein „unbewusstes Medium" bin. Ich weiß nicht, was mein Wesen getan hat."

Obwohl die Schauspielerin es nicht bestätigten möchte, hinterließ sie eine Aufzeichnung über die Krankheit und die Heilung für die Menschen, die im Haus des Segens verantwortlich sind, wo das Medium Joao arbeitet. In ihrem Buch „Going within: A Guide for inner Transformation" beschreibt Shirley, dass sie sich mehreren nicht erfolgreichen Operationen auf den Philippinen unterzogen hatte.

Als einige Leute, die gerade im Haus waren, die Schauspielerin fragten, warum sie gerade Joao Teixeira aufgesucht habe, erklärte sie, dass ihr in einem Traum gesagt wurde, der Heiler sei der Einzige, der ihr helfen könne. Nach der Operation sagte Shirley emotional mit ihrer Hand auf der Brust: „Ich bin geheilt! Ich fühle keine Schmerzen mehr!"

Der Koordinator der spirituellen Arbeit im Haus, Sebastian Lima, fügte hinzu:

„Shirley war tief gerührt und lächelte. Als sie den Raum der spirituellen Heilung verließ, hüpfte sie und sagte: „Jetzt kann ich wieder tanzen!" Sie nahm eine Flasche Wasser mit nach Hause und ihr wurde geraten, weder Chili, Schweinefleisch, Bananen, Eier noch Alkohol zu sich zu nehmen."

„Sie umarmte mich mehrmals, um zu zeigen, dass sie in der Operation eine ernsthafte spirituelle Arbeit gesehen habe", sagte Joao Teixeira. Er fügte noch hinzu, es hätte ihn gewundert, dass sie so eine mysteriöse Atmosphäre um ihr Kommen nach Abadiania gemacht habe, da sie doch eine extrem spirituelle Person wäre. „Alle Menschen sind etwas Besonderes für mich. Sie erhielt keine besondere Behandlung, nur weil sie eine berühmte Schauspielerin ist.“

Die Reise und die spirituelle Heilung wurden von einem der sechs Mitglieder der sie begleitenden Gruppe dokumentiert. Unter ihnen war die ehemalige Abgeordnete Ruth Escobar.

Die Behandlung, die der Schauspielerin zukam, wurde allein durch die Energie der Hände ausgeführt, ohne die Benutzung irgendeiner Art von Hilfsmittel. Diese Art der spirituellen Operation ist auch als „Operation ohne chirurgischen Eingriff" oder als „unsichtbar" bekannt.

Die amerikanische Ex-Abgeordnete Bella Abzug, die Frau MacLaine begleitete, wurde mit chirurgischen Instrumenten operiert. Die Operation war einfach und ihr wurde noch Medizin aus der Pharmazie des Hauses gegeben. Genau wie die „unsichtbare Operation" an Shirley wurde auch die Operation an Bella von Ruth Escobar auf Video aufgezeichnet.

MANCHETE Magazin, das Gegenstück von Amerikas LIFE Magazin, brachte einen vierseitigen Artikel vom Besuch in der Ausgabe vom 16. März 1991 – geschrieben von Fernando Pinto:

Joao de Deus – ein Medium auf dem Weg von Shirley MacLaine

Shirley MacLaine lächelte, als sie ankam, tief gerührt, betrat sie den Raum von Joao de Deus.

Sie kam von der Rückseite, ihr Gesicht fast vollständig verhüllt. Dort standen zwei große Wagen, ein schwarzer Landau, in dem sie reiste, und ein rotes Auto mit einer Frau und einem Mann, wahrscheinlich ihre Anwälte. Sie wollte das Auto nicht verlassen. Erst wollte sie wissen, ob die MANCHETTE-Reporter da wären. Falls diese zugegen wären, würde sie wieder abreisen, ohne das Auto zu verlassen, da Frau MacLaine nicht wünschte, fotografiert zu werden.

Zu dieser Zeit war es schon fast sechzehn Uhr dreißig und die Arbeit fast beendet. Mario Reis sagte: „Joao war sehr beschäftigt und sagte nur, man solle auf Frau MacLaine und ihre Freunde aufpassen, von denen eine, wie ich feststellte, die Abgeordnete Ruth Escobar war. Sie war es auch, die mir sagte, alle Kameras im Hause zu entfernen, selbst jene, die dem Hausfotografen gehörte, ich sprach noch mal mit Joao und er sagte mir, ich solle es tun. Nur dann kam Frau MacLaine heraus und lachte mich in so einer liebevollen Art an, wie sie es auf ihren Bildern tut.

Sie beobachtete Joao, wie er einige Operationen durchführte, und half die Tabletts mit den Instrumenten zu tragen. Danach begab sie sich in den spirituellen Operationsraum. Ich wartete draußen, und als Frau MacLaine zurückkam, stellte ich fest, dass sie irgendwie anders aussah."

Es gibt drei Dinge, die Tiao (der Hauskoordinator Sebastion Lima) nie über Shirley MacLaines Besuch in Abadiania an diesem historischen 1. März 1991 vergessen wird: die Tatsache nämlich, dass sie versuchte, mit ihm spanisch zu sprechen, das weibliche Parfüm und den unvergesslichen Abschied, den sie voneinander nahmen.

„Bevor sie wieder in den Landau einstieg, umarmte sie mich und sagte einige Worte, die ich nicht verstand. Als ich zu ihr aufsah, weinte sie und, tief gerührt, fing auch ich an zu weinen."

Frau MacLaine hat vielleicht geweint, als sie abreiste, aber während der Operation an ihrem Unterleib hat sie keinen Muskel bewegt. Diese Aussage wurde von der Ärztin Sonia Maria Lira, Alter neunundvierzig, gemacht. Sie hat an der medizinischen Fakultät in Valencia ihren Abschluss gemacht. Sie war auch eine der wenigen Personen, die sich an der Seite der Schauspielerin befanden, als sie sich dem spirituellen Skalpell von Dr. Jose Augusto ergab, der wiederum mit Joao Teixeira, Alter fünfundvierzig, verbunden war. Joao Teixeira ist ein Medium aus Goias, besser bekannt unter dem Namen Joao de Abadiania oder Joao de Deus.

Man könnte leicht in die Versuchung geraten und denken, dass solch eine wundersame Heilungsgabe an den Gelehrtesten, Intelligentesten und Einflussreichsten unserer Art vergeben werden würde, oder dass solch ein Mann mit Reichtum und Prestige honoriert, belohnt und verehrt wird. Als Gegenleistung für die Wiederherstellung von Leben und Gesundheit könnte man wenigstens Respekt von seinen Mitmenschen erwarten, besonders in einem Zeitalter, in dem wir stolz auf unseren hoch entwickelten Sinn für Gerechtigkeit und unsere Anerkennung für weitaus geringere Errungenschaften sind.

Doch genau das Gegenteil ist bei diesem hingebungsvollen und außergewöhnlich fähigen Mann der Fall. Seine Mitmenschen, voll von Neid, Misstrauen und falschem Egoismus, reichen ihm ein ständig wirkendes Gift. Aber zum Glück für die vielen, denen er schon geholfen hat, die Geistwesen haben gut gewählt: ein Mann, nicht von kultivierter Gesellschaft oder extremer Intelligenz, aber mit außergewöhnlichem Mut, Beharrlichkeit und vor allem mit einer unvergleichlichen Hingabe für seine Lebensmission. Ein Mann, der keinen bevorzugt, egal, welcher Hautfarbe, Klasse, Religion, Position oder Vermögen man ist. Dieser Mann ist es wert, „Joao de Deus" genannt zu werden.

KAPITEL 8

SPIRITUALITÄT VERSTEHEN

Spiritualität: der Glaube, dass die körperlosen Geister der Toten in einer anderen Welt überleben und mit den Lebenden in dieser Welt kommunizieren können, besonders durch Medien.

Oxford Englisch Wörterbuch

Ich lag mit freiem Oberkörper auf einem einfachen Tisch in einer kleinen Wellblechhütte. Der junge Mann stand ruhig neben mir und demütig flüsterte er seine Gebete, die Hände nach oben geöffnet und die Augen geschlossen. Nachdem er sich in Einklang gebracht hatte, richtete Ambrioso zwei Finger zusammen auf meinen Unterleib, und beim Kontakt mit der Haut nahm er sie auseinander und öffnete mein Fleisch wie mit einem heißen Messer, das durch weiche Butter geht.

Ich war wach und schaute ruhig zu, wie seine Finger in die Öffnung eindrangen. Völlig schmerzfrei konnte ich fast überhaupt kein Blut erkennen. Ich war weder medizinisch betäubt noch hypnotisiert, erlitt keinen Schock, und es gab auch keine sichtbare Sterilisation. Ambrosio schloss die Wunde mit einem einfachen Wisch seiner Handfläche und ließ eine kaum sichtbare dünne, rosafarbene Narbe zurück, die innerhalb von zwei Tagen völlig verschwand. Ich wurde durch spirituelle Chirurgie operiert.

In den nächsten drei Tagen erfuhr ich noch neun weitere Operationen. Mir war es freigestellt, jede Fotografie zu machen, die ich wollte, und könnte ihn jeder Art von Untersuchung unterziehen. Die Operationen hatten geringe, um nicht zu sagen gar keine Nebenwirkungen. Nach jeder Behandlung zog ich mich an und lief die zwei Kilometer zurück zu meinem Hotel, ohne Unbehagen oder Schmerz zu spüren.

Ambrosio ist ein philippinisches Heilmedium, der die Geister anruft, damit sie die spirituelle Energie bereitstellen, die für Operationen und Heilungen benötigt wird. Er ist ein frommer Gläubiger an Gott und den Heiligen Geist, aber anders als Joao vereinigt er sich nicht mit den Geistwesen und bleibt während der ganzen Zeit der Operation und des Heilens bei Bewusstsein.

Er ruft die Geistwesen durch Gebete an und bittet sie, die Energie zu liefern und durch seinen Körper als Empfänger weiterzuleiten. Diese Energien sind real und mächtig, aber in unserer physischen Welt unbekannt.

In Fällen von Lähmung – so wie bei Raul (der Mann im Rollstuhl, Kapitel 1) – ist Joao-in-Wesen fähig, in den Körper hineinzusehen. Er sieht den Druck auf den Nerven und den Mangel an Nervenbahnen, die wiederhergestellt werden müssen, außerdem kann er die Kräfte im Körper identifizieren, die den Bewegungsapparat kontrollieren. Er kann das unabhängige Nervensystem im Körper behandeln und eine heilende Energie bereitstellen, um das Nervensystem wieder zum Laufen zu bringen.

Spirituelle Energie

Spiritismus und spirituelle Energie können mit Magnetismus, Elektrizität und Schwerkraft verglichen werden. Die Auswirkungen ihrer Existenz sind beobachtbar, aber man kann sie selbst nicht sehen. Vor weniger als hundert Jahren waren Experimente mit diesen unsichtbaren Kräften als schwarze Magie verachtet und die Menschen, die sich damit beschäftigten, als unheimlich betrachtet und normalerweise zum Tode verurteilt worden. Heute sind diese unsichtbaren Kräfte allgemein akzeptiert, aber einige bezeichnet man immer noch als „paranormal".

Spiritismus

Was ist eigentlich Spiritismus? Ist es eine wundersame Erscheinung, die gefürchtet, verehrt und der Ritualität von Religion überlassen werden muss? Allen Kardec, Autor, Medium und Spiritist im 19. Jahrhundert, bestand darauf, dass *Spiritismus nicht als wundersam klassifiziert werden solle, sondern als universelles Gesetz.* „Genau wie Magnetismus enthüllt es ein Gesetz – einmal das Gesetz erkannt, verschwindet das Fabelhafte und das Phänomen kehrt in die natürliche Art und Weise der Dinge zurück. Es ist genauso wenig wundersam, wie all die anderen Phänomene, die durch unsichtbare Faktoren erzeugt werden (Elektrizität, Mikrowellen, Radioaktivität usw.), denn die Geistwesen (die in einer anderen Dimension existieren) sind eine der Kräfte der Natur. Sie sind ein natürliches Phänomen."

Es gibt zwei Kernpunkte, die im Verstehen der spirituellen Heilung eine Rolle spielen. Für beide ist das Akzeptieren einer unermesslichen spirituellen Welt, die in Harmonie und Gleichklang mit unserer Welt arbeitet, unabdingbar. Diese Kernpunkte sind erstens, *unsere Seele lebt nach dem Tod weiter*, und zweitens, *es gibt viele Energien, die den Geistwesen zur Verfügung stehen, von denen wir wenig oder keine Kenntnisse besitzen.* Beides ist in der täglichen Arbeit von Joao zu beobachten, sodass seine scheinbar erstaunlichen Heilungen und Operationen nur von denen als wundersam eingestuft werden können, die die Realität einer spirituellen Unterstützung nicht anerkennen.

Dass unsere Seele nach dem Tod weiterlebt, wird durch viele aufgezeichnete Fälle dokumentierte. Es ist eine Schwäche unserer westlichen Gesellschaft, dass es nicht schon von Geburt an gelehrt wird. Wenn es so wäre, dann würde die Menschheit vielleicht durch das Wissen in Harmonie leben, dass man für all seine Indiskretionen irgendwann einmal gerade stehen muss und es für dieses Leben einen sehr reellen

Grund gibt, der über die Ansammlung von materiellen Werten hinausgeht.

„Ich habe mit vielen in der Geisterwelt gesprochen, die vor ihrem physischen Tod nicht an ein Leben nach dem Tod glaubten. Sie glaubten eher, dass die Bedeutung von Tod gleichgestellt sei mit nicht mehr leben – nichts mehr von allem. Jedes Mal höre ich von ihrer Überraschung und Freude über das Entdecken des Überlebens nach dem Tod." Rosemary Altea, *The Eagle and the Rose.*

Westliche Welten haben die Verbindung zu ihrer spirituellen Herkunft vergessen. In Ländern wie Indien, China und Brasilien ist die Existenz einer Geisterwelt, die um uns herumarbeitet und existiert, ein Teil des täglichen Lebens und vollkommen akzeptiert. Viele Menschen in diesen Ländern leben ihr Leben mit diesem Wissen und regulieren ihre Taten im Einklang mit den universellen Gesetzen der Liebe, Ehrlichkeit, Menschlichkeit, Fürsorge und Moral, wohl wissend, dass ihre Taten die Grundlage dafür sind, ob sie am Ende ihres Lebens auf- oder absteigen. Westliche Welten in den 90er Jahren reagierten nur kurz, wenn einmal ein neues Buch herausgebracht wurde oder die Medien etwas Neues aus dem Bereich „New Age Fantastereien" zu berichten hatten.

Es gibt so viele anerkannte Studien über ein Leben nach dem Tod, dass es schwierig ist, einige herauszusuchen. Interviews des Autors und Forschers Kenneth Ring mit Hunderten von Menschen, die eine todesnahe Erfahrung gemacht haben, dokumentieren eine bemerkenswerte Ähnlichkeit. Jeder einzelnen Person wurde der Tod des Körpers und der darauf folgende Eintritt in ein unbeschreibliches Licht der Liebe und Freude, ein ekstatisches Zusammentreffen mit den liebevollen Wesen des Lichtes und häufig eine Wiedervereinigung mit verstorbenen geliebten Menschen bewusst. Allen ging ihr ganzes Leben blitzartig durch den Sinn und selbst für die kleinsten Unbedachtheiten fühlten sie sich schuldig .

Aber warum sprechen die Geistwesen nicht selbst mit uns und eröffnen uns ihre Existenz? Sie haben – und sie fahren fort, es zu tun. Fast jeden Tag erlaubt Joao Teixeira da Faria, seinen Körper zu benutzen, als ein Mittel, um Nachrichten aus der anderen Welt zu übertragen; von einfachen Forderungen an das Leben einer Putzfrau zu tief greifenden Einsichten in Wissen, das nur von dieser Quelle erhältlich ist. Diese Nachrichten werden während einer Operation oder Heilung zufällig übermittelt und jeden Tag auf Video aufgezeichnet. Es gibt buchstäblich Tausende von Stunden dieser Aufzeichnungen, die jedem offen zugänglich sind.

Die Edgar-Cayce-Vorlesung

Joao ist nicht das einzige Medium, das Nachrichten aus der Geisterwelt übermittelt. Ein anderes gut bekanntes und sorgfältig dokumentiertes Medium war der Amerikaner Edgar Cayce, der nicht weniger als 14 000 „Vorlesungen" (Nachrichten), die mit Heilen, Ernährung, Gesundheit, Religion, Wiedergeburt und der Herkunft der Menschen zu tun hatten, übermittelte. Während er sich in einen selbst induzierten Schlaf befand, erhielt er die Informationen direkt von den Geistern. Über die Herkunft der Menschheit und die Wiedergeburt der Seele gab es keine größere Einsicht. Interpretationen seines Sohnes Hugh Lynn Cayce lieferten ein autoritatives Verstehen der menschlichen Materiallieferung aus einer Geistform und wie die Menschheit ihre Verbindung zu ihrer ursprünglichen Form durch Selbstsucht und Selbstverherrlichung verlor. Die folgende Erklärung ist eine bemerkenswerte Einsicht in die Schöpfungsgeschichte des Menschen und seiner jetzigen Entfernung von seiner spirituellen Abstammung.

„Einige der ersten spirituellen Kreationen oder Seelen, die eine materielle Form angenommen hatten, verfingen sich gewissermaßen darin.

Durch Missbrauch ihrer kreativen Kräfte zur Selbstverherrlichung wurden sie ein Teil der Gesetze von Ursache und Wirkung – die auch die Gesetze von Karma und Wiedergeburt enthalten. Diese „Söhne von Belial", wie sie in den Vorlesungen genannt werden, fuhren fort mit ihrer egoistischen Ausbeutung der Erde und seiner Lebensformen, bis sie die Verbindung zu ihrer wahren spirituellen Natur verloren. Das könnte der reale Untergang der Menschen gewesen sein. Eine Seele, die sich selbst durch Selbstsucht von seinem Erschaffer getrennt hat, sodass sie selbst nach dem Tod ihre wahre Natur nicht erkennen kann und zurückgezogen wird, in das, was sie geschaffen hat, ist wahrhaftig in der Hölle. Wie auch immer, einige der Seelen erkannten ihre missliche Lage und versuchten, ein Transportmittel zu erschaffen (den Menschen), durch den es möglich sein würde, die Duldung ihrer Seelen bei ihrem Erschaffer wiederzuerlangen.

Ich glaube, dass diese Bemühungen in Christus gipfelten, der freiwillig menschliche Gestalt annahm, um den Menschen einen Weg nach Hause zu zeigen."

Allan Kardec, Vater des Spiritismus

Auch Allan Kardec erhielt seine Informationen direkt von den Wesen. In seinem Buch *„The Book of Mediums"* gibt er bemerkenswerte Beschreibungen vom Tod und der dreigeteilten Trennung der Toten in: körperliche Hülle, Geist oder Seele und *„Perispirit"*.

„Der Geist repräsentiert in der körperlichen Natur die Seele; wenn sie den Körper beim Tod verlässt, nimmt sie einen Teil dieser Hülle mit sich. Alle Geister erzählen uns, dass sie die körperliche Form bewahren – und in dieser körperlichen Form erkennen wir sie, wenn sie uns erscheinen. Im Moment des Verlassens dieses Lebens sind sie in einem verwirrten Zustand, alles um sie herum befindet sich für sie in einem großen Durcheinander. Sie sehen ihren Körper, ganz oder teilweise, je nach Todesursache; auf der anderen Seite sehen sie sich selbst und fühlen, dass sie leben. Wenn dieser Moment vorüber ist, sehen sie ihren Körper als etwas an, dass sie abgelegt haben und nicht mehr brauchen. Sie fühlen sich leichter, als ob sie von einer Last befreit wurden. Sie fühlen keine Schmerzen mehr und sind glücklich. Sie haben jetzt die Kraft, sich selbst zu erheben und den Raum zu durchqueren, wie sie es tausende Male in ihren Träumen getan haben, als sie noch lebten. In der Zwischenzeit wird ihnen bewusst, dass sie eine Form haben, trotz der Abwesenheit eines Körpers."

„Es gibt drei Dinge im Menschen: Erstens ist da die Seele oder der Geist, ein intelligentes Prinzip, in dem die moralischen Sinne zu Hause sind; zweitens der Körper, der materielle Umhang, mit dem sich die Seele kleidet; und drittens der *Perispirit*, eine nur zum Teil materielle Flüssigkeitshülle, die als Verbindung zwischen Seele und Körper dient. Tod ist die Zerstörung oder der Zerfall der körperlichen Hülle – die von der Seele verlassen wird. Der *Perispirit* löst sich und folgt der Seele, die sich in einen Umhang hüllt, der flüssig, geisterhaft, nebelartig und für uns in seiner normalen Daseinsform unsichtbar ist. Diese zweite Hülle der Seele ist der Mittelsmann zu allen Empfindungen, die die Seele empfängt, nach außen transportiert und so an die Organe richtet. Sie ist der Leiter, der elektrische Draht, der als Empfänger und Verteiler der Gedanken dient. Diese mysteriöse, unfassbare Kraft wird als Nervenflüssigkeit bezeichnet.

> „... der physische Körper ist nur ein kurzzeitiges Transportmittel für unseren Geist, während er in den irdischen Dimensionen lebt und lernt." *Robert Monroe, Ultimate Journey.*

In der physiologischen und pathologischen Medizin, die sich nur mit dem materiellen, physischen Element befasst, wird dieser Kraft viel zu wenig Beachtung geschenkt, und man entzieht sich dadurch einer unerschöpflichen Quelle für seine Taten. Das Wissen über den *Perispirit* ist der Schlüssel für eine ganze Menge von medizinischen Problemen, die bisher unerklärbar waren."

In einer ausgedehnten Studie über den erstaunlichen Heiler Ze Arigo weißt der Industrielle, pharmazeutische Erzeuger und angesehene Psychiater Luis Rodriguez auf Arigos Fähigkeit hin, scheinbar wundersame Operationen durch spirituelle Vereinigung zu vollführen – genau, wie Joao es tut. Die Wesenheit, die seinen Körper benutzte, war die von Dr. Adolph Fritz, ein fähiger und ehrlicher Chirurg, der viel zu jung im 1. Weltkrieg starb. Rodriguez' Aussage, obwohl für Arigo gedacht, trifft genauso gut auf die Vereinigungen von Joao zu.

„Diese enge Zusammenarbeit zwischen dem Medium und seinen körperlosen Freunden (Geistwesen) kann man nur verstehen, wenn man folgende grundlegenden und feststehenden Tatsachen in Betracht zieht:

1. Der Mensch ist eine verkörperte Seele.

2. Diese Seele wurde nicht bei der Geburt geschaffen.

3. Sie hat viele Leben auf der Erde gelebt und wird viele weitere leben.

4. Der Kontakt zwischen verkörperten und körperlosen Personen geschieht seit dem ersten Auftreten der Menschheit auf der Erde.

5. Die physische Fakultät, bekannt als Mediumschaft, ist eine Methode der Natur, diesen notwendigen und erleuchtenden Kontakt herzustellen.

6. Die einfachen Menschen auf der ganzen Welt sind gut vertraut mit diesen einfachen Fakten des Lebens.

„Was ich gelernt habe, ist, dass es unsere Pflicht ist, diese Kontakte zu verbessern, und es vom Aberglauben, verbunden mit religiösen Überzeugungen, Lehren oder Dogmen von Ritualen und Zeremonien, zu trennen. Genauso sollte man keine Zeit mit verstockter Skepsis verschwenden, die den Fortschritt durch das Verlangen nach pseudowissenschaftlichen Erklärungen verzögert, die rein gar nichts erklären."

Rodriguez zeigte eine erfrischende Direktheit in seiner Aussage und fordert uns auf, keine Zeit mit der Suche nach ausweichenden, alternativen Erklärungen für die außergewöhnlichen Heilungen und chirurgischen Methoden von begabten Medien wie Arigo und Joao zu verschwenden.

Wie auch immer, er hat nicht die Verbindung zwischen Heilung und der Rolle erforscht, die das spirituelle Bewusstsein spielt, und die nachfolgende Notwendigkeit, ein sauberes Leben zu führen. Die Wesenheiten, in Verbindung mit Joao, überzeugen uns täglich von der Existenz einer spirituellen Welt, fordern uns auf, ein besseres Leben zu führen, und warnen, dass kriminelle und betrügerische Indiskretionen mit unserem Karma bestraft werden. Das kann eine unerklärliche Krankheit oder ein Unglück sein, in diesem Leben oder im nächsten.

Letzten Endes müssen wir verstehen, dass der wahre Grund dieser Strömung und nacheinander folgender Leben das Aufsteigen unserer Seele bis zu einem gewissen Punkt der Perfektion ist. Uns wurde nur eine Möglichkeit gegeben, die Richtung unseres Lebens kontrollieren zu können – *unser freier Wille.* Damit müssen wir jeden Tag eine Vielzahl von kleinen Entscheidungen – gut oder schlecht, richtig oder falsch – nach dem universellen Gesetz der Ehrlichkeit, Toleranz, Wohltätigkeit und Liebe treffen. Liebe deine Nächsten, wie du dich selbst liebst.

Geister: gute oder böse?

Gibt es böse Geister? Ganz bestimmt! Kardec sagte aus: „ … So, wie es schlechte und gute Menschen gibt, gibt es schlechte und gute Geister."

Eine sehr schlechte Person wird zu einem sehr schlechten Geist im Jenseits, genauso wie eine gute Person zu einem guten Geist wird.

Geistwesen können leichtsinnig, rachsüchtig, leidend, einsam oder einfach nur böse sein; aber aufgestiegene Geister haben keine dieser Eigenschaften. Diese Geister glauben an das Gute, und je nach Stadium ihrer Erhebung wollen sie mit uns arbeiten, Gutes zu tun und uns zu helfen, damit wir aufsteigen können. Und genau wie es Möglichkeiten gibt, um die Hilfe der guten Geister zu bitten, gibt es Möglichkeiten, die bösen Geister anzurufen; man nennt diese Rituale schwarze Magie. In vielen Gesellschaften und Ländern wird dem mehr Anerkennung geschenkt als in unserer westlichen Gesellschaft.

In Brasilien wird die Existenz von guten und bösen Geistwesen von einer großen Anzahl der Bevölkerung anerkannt. Brasiliens spirituellen Glauben kann man in drei Grundformen einteilen: der vorherrschende Katholizismus, Quimbanda (schwarze Magie) und das weichere, mehr im christlichen Bereich liegende Umbanda. Die beiden Letzteren entstammen den frühen Tagen harter brasilianischer Sklaverei. Beide umarmen den Glauben an spirituelle Besessenheit und magische Rituale. Von Afrika herübergebracht, wurden sie durch die schwarzen Sklaven aus Rache gegen ihre gemeinen Herren eingesetzt.

Die schwarze Quimbanda-Magie wird auch heutzutage noch angewandt. Wie die christlichen Buchläden in der westlichen Welt gibt es hier in Brasilien viele Geschäfte, in denen man rituelle Utensilien erwerben kann. Es ist nichts Ungewöhnliches, Leute zu treffen, die in dieser Art und Weise mit einem Zauberbann belegt worden sind. Gelegentlich kommen solche Personen nach Abadiania, um Joao zu sehen.

Ein trauriger Fall betraf eine junge hübsche Frau, die von der ehemaligen Freundin ihres Verlobten mit einem Macumbafluch versehen worden war und sechs Wochen vor ihrer Heirat zu Joao kam. Ihr schönes langes schwarzes Haar fiel Hände voll aus. Die Wesen erkannten den Fluch sofort und entfernten ihn. Das Paar heiratete glücklich am vereinbarten Termin mit einer gesunden, wenn auch kurzhaarigen Braut.

Die eingeschränkte Sicht der modernen Psychiatrie erkennt nicht an, dass die Ursache vieler Neurosen und Psychosen in einer Besitzergreifung (eine Verbindung eines enttäuschten Geistes an eine empfängliche Person) durch einen Geist an eine depressive, einsame, schwache oder kranke Person zu sehen ist.

Poltergeister

In diesem Zusammenhang ist natürlich auch notwendig, an die Existenz von Poltergeistern anzuknüpfen. Im Widerspruch zum allgemeinen Glauben existieren Poltergeister. Zum Glück sind sie selten, denn sie können großes Chaos anrichten, wenn sie ihren Ärger und ihrem Leichtsinn Luft machen. Ein Poltergeist ist einfach ein niederes Geistwesen, das aus verschiedenen Gründen entscheidet, seine Präsenz in physischer Art und Weise bekannt zu machen. Häufig fühlen sie sich an einen Platz gebunden. Der Ort, an dem sie gelebt haben oder wo eine geliebte Person noch immer lebt. Es könnte sein, dass er dort festgehalten wird, weil er geizig war und nicht von seinen materiellen Besitztümern loslassen will, oder er ist vielleicht verärgert über ein Geschehen, das dort passierte. Was auch immer der Grund sein mag, sie können lästig sein. Exorzismus in einer religiösen Art und Weise hat selten Erfolg. Launische Geister können das lustig finden und ihre Aktivitäten für ihre eigene Belustigung noch verstärken. So verhielt es sich auch bei folgendem Fall dieses Phänomens auf der Hazienda Mondongo.

Im Dezember 1990 wurde Joao gerufen, um einen Geist zu vertreiben, der sein Unwesen mit den Farmarbeitern auf einer isolierten Farm, der Hazienda Mondongo, trieb. Die Farm war achtzig Kilometer von Pirenopolis, Goiana, entfernt. Acht Farmarbeiter, die auf der Farm lebten, erfuhren entsetzliche physische Behandlungen. Sie wurden von dem Geistwesen über Nacht geschlagen oder gesteinigt. Selbst als die Männer sich im Farmhaus einschlossen, materialisierte das Wesen Holzblöcke und warf sie in den Räumen herum. Tagsüber fingen Schaufeln von selbst an, zu graben und die Arbeiter mit Erde zu bewerfen, unterbrochen von Schlägen ins Gesicht.

Das war ein wahrer Poltergeist und jeder Versuch, ihn loszuwerden, scheiterte, nicht nur das, er verstärkte seine Aktivitäten sogar noch zusätzlich. Die Geschichte wurde bekannt und weckte die Aufmerksamkeit des Reporters Marconi Barreto, der Fotos machte und einen Artikel für die nationale Zeitung *Diario da Manha* schrieb. Irgendjemand empfahl, Joao zu konsultieren. Als er auf der Farm ankam, verstärkte das Wesen seine Aktivitäten. Joao versuchte nicht, ihn zum Verlassen zu zwingen, sondern sprach ruhig auf ihn ein und beruhigte seine Wut. Er benutzte weiches Kerzenlicht anstelle von elektrischem Licht und meditierte, um einen Geist eines höheren Levels zu rufen, der ihm helfen würde, diesen niederen Geist zu vertreiben. Endlich, nach ein paar Tagen, verließ der Geist die Hazienda und ist nie wieder zurückgekommen.

Unglücklicherweise gibt es eine große Menge an Ignoranz und Skepsis gegenüber den Geistwesen und dem so genannten „Übernatürlichen". Das Verstehen, dass Geistwesen und ihre Energien existieren, ist nur begrenzt durch unser physisches Begriffsvermögen in unserer schwerfälligen, physischen Welt zu erfassen. Diese unsichtbaren Daseinsformen, die wir als „Geister" kennen, sind nichts weiter als die Seelen derer, die in einer verkörperten Form gelebt, durch den Tod ihrer plumpe sichtbare Hülle verloren haben und in ihrer ätherischen Hülle zurückgelassen wurden, die in ihrer natürlichen Form unsichtbar ist.

Durch das Sterben verlieren sie nur ihre Körper, während ihre Intelligenz, die ihre Essenz ist, bleibt. Das ist der Schlüssel zu allen Phänomenen, die fälschlicherweise als „übernatürlich" bezeichnet werden.

Die körperliche Hülle ist vergänglich, der Geist unsterblich.

KAPITEL 9

DIE URSACHE VON KRANKHEITEN

Um unsere physischen Körper herum existiert ein größerer „Körper", ein menschliches Energiefeld, das das Medium ist, durch das wir unsere eigenen Erfahrungen der Realität erschaffen, einschließlich Gesundheit und Krankheit. Es ist der Anfangspunkt aller Krankheiten.

Barbara Ann Brennan, Hands of Light

Um die Energien und Methoden der Heilungen und Operationen zu verstehen, die von Joao und seine Wesen durchgeführt werden, müssen wir die universellen Energien begreifen, von denen wir nur einen geringen Teil erkennen können. Dazu zählt das menschliche Energiefeld. Das wissenschaftlich anerkannte bioplasmatische Feld besteht aus sieben farbigen Lagen und stellt die Abwehr unseres physischen Körpers dar. Alle Krankheiten beginnen in diesen beschützenden Lagen, bevor sich ihre Symptome im Körper zeigen. Wenn sie zu unausgeglichen und durcheinander sind oder stark durch ständige Disharmonie vibrieren, bilden sich Krankheiten, die sich in der dichten Materie des physischen Körpers manifestieren. Schwachstellen oder Risse in diesem Feld können zu „Anhängen" führen, die mit einer Reihe von Symptomen auftreten. Diese Vorzeichen reichen von Schlaflosigkeit bis hin zur ernsthaften Psychose. Ein bemerkenswerter Fall aus der Videosammlung des Hauses Dom Inacio verkörpert eine Frau, die Tränen aus Blut weinte.

Unerwünschte Anhänge

Die junge Frau fühlte sich schon eine ganze Weile unwohl. Sie konnte nicht schlafen und Traumbilder beunruhigten sie. Sie konnte sie nicht kontrollieren, fühlte sich müde und schwach, und manchmal verlor sie völlig die Kontrolle und fiel in Ohnmacht. Immer wenn sie wieder aufwachte, floss Blut aus ihren Augen – sie weinte Tränen aus Blut.

Diese natürlich schöne, junge Frau mit langen goldenen Ringellöckchen und blauen Augen hatte einen Anhang: *Sie war vom Geist ihrer Großmutter besessen.* Der Geist in ihr war zwar nicht aggressiv, aber er kontrollierte sie. Er trug Eindrücke aus vergangenen Leben mit sich und übertrug sie auf die junge Frau, die, ohne eine logische Erklärung zu haben, glaubte, dass sie ein mentales Problem habe. Sie fühlte sich, als ob sie buchstäblich verrückt werden würde.

Als sie zum Haus kam, sagte ihr Joao, sie solle mit den anderen Medien in „Strömung" sitzen und meditieren. Der Geist in ihr rebellierte und für zwei Tage erlaubte er ihr nicht, den Raum zu betreten. Aber am dritten Tag überwand die Frau den Willen ihrer Großmutter, setzte sich zu den Medien und meditierte. Innerhalb kurzer Zeit begann eine Auseinandersetzung und der Geist übernahm erneut die Kontrolle. Er brachte die Frau dazu, aufzustehen und in Semitrance ließ er sie einen langsamen Schleiertanz vollführen. Die junge Frau sah sich selbst als Tänzerin in einem arabischen Zelt – sie sah Teile aus einem der vergangenen Leben ihrer Großmutter. Während des Tanzens konnten Joaos Wesen den Geist sehen und mit ihm sprechen. Der Geist wurde beruhigt, und es wurde der Großmutter versichert, dass es ihrer Enkelin gut gehe. Sie solle sich keine Gedanken mehr um sie machen und dorthin gehen, wo sie hingehöre. Der Tanz verlangsamte sich, hörte auf und ließ die Frau mit Strömen von Tränen aus Blut zurück. Sie ist jetzt gesund, schläft gut und ist befreit von ihrer allzu beschützenden Last.

Diese eindrucksvolle Art von Besessenheit ist ein seltenes Phänomen, ein spiritueller Anhang dagegen nicht. Krankheiten, die durch einen spirituellen Anhang verursacht werden, sind häufiger, als wir annehmen. Solche Krankheiten können vielfach auf eine geschwächte Energiefeldverteidigung zurückgeführt werden, durch die ein unerwünschter Anhang Zugang zum Körper erlangt. Depressionen, lange Traurigkeit oder Trauer, übermäßiger emotionaler Stress und Alkohol- und Drogenkonsum bilden ein behagliches Zuhause für böse Geisteranhänge, die den Wirtskörper depressiv schwach werden lassen können. Außerdem kann die Person an Rückenschmerzen, Depressionen und Lethargie leiden – Symptome, die für einen Arzt fast unmöglich zu diagnostizieren sind.

Unter respektierten Psychiatern verbreitet sich immer mehr, dass die größte Zahl der mentalen Krankheiten in der westlichen Welt das Ergebnis eines spirituellen Anhanges sind. Einer, der diesen Gedanken weiterträgt, ist der anerkannte Psychiater Luis Rodriguez, der kein Blatt mit seiner Meinung über die Ausmaße spiritueller Besessenheit vor den Mund nimmt: „Ich habe mich viele Jahre lang damit beschäftigt, die Ursache dafür zu finden, warum die Psychiatrie nicht fähig ist, die Ursachen für bestehende Neurosen und Psychosen zu finden, die in mehr als achtzig Prozent der Fälle nichts anderes sind als die Symptome und Syndrome, die die Ausmaße einer Besessenheit erkennen lassen.

Das Nichterkennen dieser Syndrome verwandelt Hunderttausende von Individuen der zivilisierten Welt, die eigentlich nicht krank sind, in Schizophrene. Nervenheilanstalten sind voll von ihnen. Dies passiert, wenn Elektroschocks, Insulin oder chemische Schocks angewandt werden, die die Bildung einer natürlichen Medienschaft verhindern und den Mechanismus zerstören, durch den sie sich manifestiert. Dasselbe passiert bei der massenhaften Anwendung von Beruhigungsmitteln.

Die so genannten ‚Medizinmänner' und die Spiritisten der Schule der Wiedergeburt in der ganzen Welt erkennen die Symptome sehr schnell als das an, was sie sind, und aufgrund dieses Wissens wird anstelle einer Psychose eine Mediumschaft entwickelt. Diese Entwicklung rottet den psychoneurotischen oder psychotischen Zustand aus. Das ist der Grund, warum mentale Krankheiten unter diesen Leuten, die in Millionen gezählt werden, nicht existieren.

Mentale oder Nervenkrankheiten sind die Früchte, die durch einen überzivilisierten Menschen geerntet werden. Eine Ernte, die ausschließlich auf einen *Zustand der Ignoranz* zurückzuführen ist, der durch einen *übertriebenen Sinn für Kultiviertheit und hoher kultureller Überlegenheit* hervorgerufen wird!"

Krankheiten durch einen Geistanhang sind eine häufige Erscheinung und werden von immer mehr westlichen Therapeuten akzeptiert. Dr. Edith Fiore, eine kalifornische Psychologin und Autorin des wegbereitenden Buches „*The Unquiet Death*", schreibt, dass Depressionen häufig auf einen verzweifelten Geist, der nicht weiß, dass er tot ist, zurückgeführt werden können. Sie sagt, sie habe in Hunderten von Fällen Patienten von Alkoholismus und Depressionen geheilt, in dem sie die Geister, die daran litten, freiließ. Andererseits, wenn der Wirt schon Alkoholiker war, als der Geist sich anhängte, wird er auch ohne ihn Alkoholiker bleiben. *Fiore behauptet, dass wahrscheinlich bis zu neunzig Prozent der Menschheit unter irgendeiner Form eines Geistanhanges leidet.*

Die alten Geistaustreibungsriten der römisch-katholischen Kirche und anderen Religionen, bei denen der „verlorene" Geist wie eine Art Dämon behandelt und aus dem Wirtskörper getrieben wird, stimmt nicht mit den Lehren der Liebe in diesen Religionen überein.

Häufig sind diese Anhänge verlorene Seelen von Familienangehörigen, die sich fürchten und Führung brauchen. Oft kann man in Abadiania beobachten, wie Joao sie überredet, loszulassen, das Licht zu suchen und ruhig die irdische Ebene in Begleitung von verstorbenen Geliebten oder anderen begleitenden Geistern zu verlassen.

> „Eine körperliche Krankheit, die wir als ganz und völlig allein stehend ansehen, könnte am Ende nur das Symptom eines Leidens des spirituellen Teiles sein."
> *Nathaniel Hawhorne, The Scarlet Letter (1850).*

In den Lesestücken von Edgar Cayce, dem bekannten „schlafenden Propheten", gibt es viele Andeutungen von spirituellen Anhängen. Auch er wies darauf hin, dass diese Individuen nicht von Dämonen, dem Teufel oder teuflischen Geistern besessen sind. Vielmehr wären sie von Geistern verstorbener Personen besessen, die es ablehnen, in die anderen Ebenen – in das Leben nach dem Tod – überzutreten. Solche Geister nennt man „erdgebunden". Ihr physischer Appetit, als sie noch lebten, war so groß, dass sie abhängig wurden. Die abhängige Personalität, einerlei ob Alkohol, Drogen, Zigaretten, Sex oder Essen, wird höchstwahrscheinlich dieses Verlangen auch nach dem Tod in irgendeiner Art und Weise zu stillen versuchen. Sie gehen sogar so weit, dass sie sich an eine lebende Person mit demselben Verlangen anhängen. *Folglich ziehen Drogen- oder Alkoholabhängige, fast ohne Ausnahme, verlorene Seelen an, die selbst Drogen- oder Alkoholabhängige waren und immer noch nach dieser Gewohnheit verlangen.* Sie können sehr missbrauchend und streitsüchtig werden, wenn sie gezwungen werden, ihre vertraute Umgebung zu verlassen.

Die Gründe für einen spirituellen Anhang sind verschieden und selten auf eine einzelne Ursache zurückzuführen: schwere Verletzungen, übermäßige Traurigkeit über den Verlust einer geliebten Person, Unausgeglichenheit in physischer oder mentaler Hinsicht *und manchmal durch Amateurexperimente in physischen und spirituellen Dingen verursacht.* Einige spirituell oder psychisch sensitive Individuen öffnen sich selbst ohne die richtige Führung und Vorbereitung in spirituellen Experimenten zu äußeren Einflüssen von negativen Körperlosen (Seelen zwischen den Erdreinkarnationen). Viele betrachten sich als spirituell fortgeschritten, ohne korrespondierende Anforderungen eines solchen Standards zu entsprechen. Es gibt kaum einen Tag im Hause Dom

Inacio, an dem nicht mindestens in einem Fall die Trennung von einem unerwünschten Anhang nötig ist. In schweren Fällen kann man die Personen unkontrolliert weinen, schluchzen, stöhnen oder zittern sehen und hören, wenn sie in der Reihe stehen, um Joao zu treffen. Häufig kann man Personen sehen, die sich wie eine Schlange krümmen, während sie den starren Blick eines Reptils aufweisen. Viele schluchzen und jammern unkontrolliert, andere starren durch alte und verlassene Augen, die ihr Missfallen über die Störung ihres komfortablen Ruheplatzes des Elends zeigen.

Joao behandelt jede Seele mit Respekt und Würde. Eine solche Geistentlassung funktioniert speziell mit den Seelen Verstorbener, die sich an die Personalität eines Lebenden anhängen. Die Seele braucht vielleicht Unterstützung, um zu erkennen, dass sie tot ist, weitergehen muss und sich nicht an diese irdische Ebene gebunden fühlt.

Der Druck der modernen Zivilisation

Es gibt natürlich auch die Vermehrung von Krankheiten durch unseren modernen Lebensstil. Wir versuchen, Stress zu tolerieren, der unsere Belastbarkeitsgrenze überschreitet. Psychologischer Druck am Arbeitsplatz, unglückliche oder zerbrochene Ehen und die hohen Erwartungen der Gesellschaft sind die eine Seite, dazu kommen noch die Chemikalien, denen wir uns aussetzen, überraffinerierte Nahrung, die eine Vielzahl von chemischen Zusatzstoffen enthält, Drogen, Rauchen und Alkohol – dies alles sind Gründe für Stress, dem Geist und Körper ausgeliefert sind. Sämtliche Faktoren führen zu unterschiedlichen Krankheiten, Gebrechen und Missbildungen.

Anstelle die grundlegenden Ursachen zu beheben, haben wir uns daran gewöhnt, Pillen und synthetische „Wunderdrogen" zu schlucken, damit die unerwünschten Symptome gemildert werden, oder wir suchen einen praktischen Arzt auf, der uns in einem heimlichen „Experiment", unsere Probleme zu richten, nur noch mehr Drogen verschreibt; und wenn die Leiden trotz alledem nicht verschwinden, werden wir in ein Krankenhaus eingewiesen. Die lange Liste der Patienten, die eine nicht notwendige oder untersuchende Operation „benötigen", ist ein Zeugnis der Unfähigkeit der westlichen Gesellschaft, mit der steigenden Zahl der Kranken umzugehen.

Es ist nicht überraschend, dass das Einnehmen von immer mehr Medikamenten häufig in einer zeitweisen Linderung der Symptome endet, aber nichts tut, um die Probleme im Körper und ihre Ursachen zu korrigieren. In den Unterlagen des Hauses finden sich massenhaft Beweise dafür, dass übermäßiges Einnehmen von medizinischen Drogen zu irreparablen Schäden führen kann. Ein markanter Fall ist der des Viehzüchters Arnilo Volter Matrin aus Rio Grande de Sul, der zum Zahnarzt ging, um sich einen Zahn ziehen zu lassen. Es kam zu einer Infektion im Mund und der Zahnarzt spritzte riesige Mengen Antibiotika in den Gaumen, um die Entzündung zu unterdrücken. Daraufhin wurde der Mann sehr krank und verlor sein Augenlicht. Ferner bekam er Drogen zur Behandlung seiner ernsthaft kranken Leber und Nieren sowie der zwei Tumoren in der Brust.

Als sich seine Situation weiterhin verschlechterte, gaben ihn die Ärzte auf und er kam nach Abadiania, als letzte Hoffnung. Joao und seine Wesen behandelten seinen Körper, konnten ihm aber sein Augenlicht nicht sofort wiedergeben, da die Drogen die Sehnerven so sehr beschädigt hatten, dass es fast unmöglich war, sie zu regenerieren.

Volter opfert, in Dankbarkeit, seine Zeit jetzt dem Haus. Alle zwei Wochen macht er die 6 000 Kilometer lange Tour, um seine Hilfe anzubieten. Man kann ihn im Meditationsraum sitzen sehen, mit seinen dunklen Brillengläsern und seinem weißen Stock neben sich. Er hofft noch immer, sein Augenlicht zurückzubekommen, aber es wird eine sehr lange Zeit dauern.

Die Zunge

„Menschen fragen nach Kritik, aber wollen nur Lob." *W. Somerset Maugham, Of Human Bondage (1915).*

Vor jeder Heilungssitzung sprechen eine oder mehrere Personen zu der in der Haupthalle wartenden Menge. Die Reden beschäftigen sich mit einer Vielzahl von Dingen: Erklärungen des Spirituellen, Belehrungen über die medizinischen Kräuter und das Wasser im Haus, wie man leben und seine Mitmenschen behandeln sollte. Es wird auch versichert, dass das Haus nichts mit irgendeiner Art von Sekte zu tun hat.

Das letzte Thema soll etwas genauer betrachtet werden, es wird die Krankheit der Zunge genannt.

Von all den Tausenden, die mit verschiedenen Leiden nach Abadiania kommen, kann man bei einer großen Anzahl das gesprochene Wort als Ursache einer Krankheit angeben. Die Menschen haben eine unglaubliche Fähigkeit zu kommunizieren – mit dem gesprochenen Wort in einer Vielzahl von Sprachen und einer unendlichen Anzahl von Nuancen und andeutenden Tonlagen zu sprechen. Diese Kraft der Kommunikation wurde von vielen Diktatoren in der Welt benutzt, die Massen durch überzeugende Redekunst zu beeinflussen. Wir müssen gar nicht weit schauen, um einige Beispiele zu finden: Hitler, Stalin und Mussolini, sie alle hinterließen ein Vermächtnis des Elends und der Zerstörung, woran sich die Welt noch lange erinnern wird. Aber die Zerstörung, die jeden Tag durch ein unfreundliches Wort, eine gemeine Bemerkung oder eine verbale Attacke an Verwandten, Freunden und Geliebten angerichtet wird, ist genauso zerstörend wie jede Art von psychischer Bestrafung.

Menschliche Wesen sind sehr empfindsam gegenüber der sie umgebenden Welt. Das Bewusstsein schützt uns vor unfreundlichen verbalen Attacken mit Erklärung und Vergeltung, aber das Unterbewusstsein ist weniger konzentriert und besitzt nicht die Fähigkeit, Begründungen zu finden. Jede Erscheinung im Umfeld der Beobachtung wird gesammelt, selbst wenn man sich dessen nicht bewusst ist. Verbale Beschimpfungen werden in den unbewussten Lagerhallen des Gedächtnisses gelagert und können in bestimmten Mengen abgegeben und verteilt werden, ohne dass wir Schaden davon nehmen. Wenn wir jedoch ständig mit unfreundlichen Worten, Boshaftigkeiten, Rachsucht und Gefühllosigkeit bombardiert werden, wendet sich diese Energie nach innen und manifestiert sich in einer großen Breite von physischen Leiden von Migräne bis Krebs. Eine gewisse Frau unterzog sich vierzehn großen Operationen, um immer wiederkehrende Zysten und Krebsgeschwüre zu entfernen, die in direkter Verbindung mit physischen und verbalen Misshandlungen eines alkoholabhängigen Ehemannes standen. Von dem Tag an, als sie endlich aufgab und ihn verließ, wurde sie wieder gesund und die Zysten kehrten nicht wieder.

„Männer sind bereit, alles zu erleiden, von einem anderen oder vom Himmel selbst, vorausgesetzt, dass, wenn es zu Worten kommt, sie unberührt bleiben."
Giacomo Leopardi, Pensieri (1834-37).

Unsere Bibliotheken besitzen unzählige Bücher, die den Wert von ermutigenden Worten des Lobes erläutern, nicht nur in der Psychotherapie, auch in der Politik, im Geschäft, im Handel und jeder anderen Art von menschlicher Zusammenarbeit. Es bleibt ein bemerkenswertes menschliches Versehen, dass eine solch mächtige, zerstörerische Waffe wie die Sprache mit solcher Gleichgültigkeit gegenüber dem menschlichen Leiden benutzt wird, ohne die Auswirkungen auf unsere Mitmenschen zu beachten.

„Richtet nicht, damit ihr nicht gerichtet werdet."

Matthäus 7:1

Krankheiten des Karmas

Manche Krankheiten und Gebrechen haben wir schon von Geburt an, gesammelt in vielen vergangenen Leben, eingeprägt in unser Überbewusstsein. Sie sind als Krankheiten des Karmas bekannt. Ein Thema, so umfangreich, dass es ein separates Kapitel beansprucht.

KAPITEL 10

DIE FRAGE NACH DEM KARMA

Karma: Begriff zur Bezeichnung der automatischen Wirkungskraft menschlicher Handlungen, durch die in der nächsten Existenz Art und Höhe der Wiedergeburt bestimmt wird.

Bertelsmann Lexikon

Die Diagnose war der Albtraum einer jeden Frau. Rosa hatte einen großen bösartigen Tumor in ihrer Gebärmutter und sah aus, als wäre sie im vierten Monat schwanger. Die Ärzte sagten ihr, sie benötige eine sofortige Operation, eine totale Hysterektomie, eine Operation, bei der sie nur eine geringe Überlebenschance hätte. Diese Hoffnungslosigkeit, zu der nur todkranke Menschen Zugang haben, brachte sie an den Rand der Verzweiflung.

Sie las über den Heiler Joao Teixeira da Faria in einem Zeitungsartikel. Mit wenig Hoffnung auf ein Überleben unternahm sie die vierundzwanzig Stunden lange Busfahrt zum Haus Dom Inacio in dem kleinen Ort Abadiania. Die Sonne wärmte die frische Bergluft auf, als sie aus dem Bus stieg. Menschen versammelten sich ruhig in der Eingangshalle des Zentrums. Weiß gekleidet, wie man ihr empfohlen hatte, stellte sie sich zu der Menge. Während sie wartete, beobachtete sie den Heiler, wie er auf wundersame Weise den Tumor einer anderen Patientin entfernte, und ihre Hoffnung blühte auf. Als sie endlich an die Reihe kam, war sie am Boden zerstört, als sie seine Worte hörte.

„Mein Kind, ich kann nur wenig für dich tun", sagte er mit tiefem Mitleid in seinen Augen und fuhr fort: „Ich kann dich ein wenig entlasten, aber der Rest liegt bei dir. Wenn du dich selbst für gemeinnützige Arbeit opferst, um anderen zu helfen, während du daran arbeitest, deinen Glauben zu verbessern, wirst du dich vielleicht erholen."

Rosas Krebs war das Ergebnis einer Schuld des Karmas, was sie möglicherweise durch unmoralisches Verhalten in einem vergangenen Leben verdiente.

Rosa begann, ihre Schuld abzuarbeiten, indem sie den Kranken half. Sie arbeitete freiwillig im Haus, und von diesem Zeitpunkt an begann sich ihr Zustand zu verbessern.

Je mehr Wunden sie behandelte und je mehr sie sich um psychisch oder physisch Kranke kümmerte, umso besser wurde ihre eigene Gesundheit und am Ende verschwand der Krebs völlig. Sie nahm wieder an Gewicht zu und zur Zeit des Schreibens dieses Buches war sie bei perfekter Gesundheit. Sie entschied sich zu bleiben, und in den letzten siebzehn Jahren bot sie ihre Hilfe im Haus Dom Inacio an. Rosa hatte Glück, sie traf Joao und lernte von dem Wesen, wie sie ihre Karmaschuld in diesem Leben begleichen konnte.

Die Schuld des Karmas ist der Weg, durch den wir für unser Fehlverhalten bezahlen, sodass Seele oder Geist nach dem Tod des Körpers in eine höhere Ebene aufsteigen können. Es ist eine notwendige Reinigung für unsere Seele, um die Befähigung zu erlangen, zur ultimativen Perfektion aufzusteigen. *Der Schuld des Karmas können wir uns nicht entziehen.* Wenn wir fortfahren, schlechte Dinge zu tun, wird sich unser Geist in ein krankes, hässliches Stadium zurückentwickeln. Wenn wir unser Leben nach den universellen Gesetzen der Ehrlichkeit, Liebe, Wohltätigkeit und Toleranz leben, werden wir nur eine geringe – wenn überhaupt – Schuld zurückzahlen müssen und können schließlich den Kreis der Wiedergeburten auf den irdischen Ebenen schließen. Unser Aufsteigen wird jedoch in der spirituellen Ebene weitergehen. *Krankheit ist der große Gleichmacher aller Menschen.* Es macht keinen Unterschied, wer du bist oder wie viel Geld und Macht du besitzt, Krankheiten – besonders unheilbare Krankheiten – reduzieren uns alle auf einen Punkt der physischen und emotionalen Hilflosigkeit. Nach den Wesen von Joao gibt es viele Ursachen für Krankheiten, eine davon ist die Schuld des Karmas.

Diese Krankheiten und Leiden sind nicht nur einer speziellen Art, sie haben alle denselben Ursprung: den karmischen Ausgleich von Falschem, was wir in vergangenen Leben angestellt haben. Die Liste ist in unserem Überbewusstsein gespeichert und wird von der Seele mitgeführt. Dort trägt sie auch die Schuld und die damit verbundenen Krankheiten oder Leiden, die sie zu ertragen wählt. Die Beschwerden können sofort ins Auge fallen, wie es bei Geburtsfehlern der Fall ist, oder sie können jederzeit im Lebenszyklus auftreten. *Karmische Krankheiten aus einem vergangenen Leben können nicht geheilt werden, außer durch die Ausgleichung der Schuld in derselben Art und Weise, wie sie verschuldet wurde.*

Sie kann durch uneigennützigen Dienst an der Menschheit ausgeglichen werden oder durch persönliches Leiden in der Art des Entstehens der Schuld.

„… verstehe die psychischen Fähigkeiten eines Mannes als Teil des täglichen Lebens. Alle Vorkommnisse des täglichen Lebens …, sofern sie mit den Aktivitäten der Seele vereint sind, führen dazu, alle Vorkommnisse des Lebens – selbst Krankheit – als notwendige Lernerfahrung zu sehen, während man durch Raum und Zeit reist."
William A. McGarey, *Edgar Cayce on Healing.*

Die Schuld des Karmas scheint zunächst ein entmutigender Gedanke zu sein, aber es gibt ein anderes Gesetz, das besagt, dass der eigene Wille immer stärker als das vorbestimmte Schicksal ist. Keine Seele wird jemals so tief sinken, dass sie für immer am Ausgleich ihrer Schuld arbeiten müsste, es gibt Erlösungen. Eine lebenslange selbstlose Aufopferung für das Wohl anderer ist mit fünf oder sechs sterilen Existenzen gleichzusetzen, in der die Seele stillsteht. Es wird das „Gesetz der Bereitwilligkeit" genannt. Welche Gesetze du auch immer gebrochen hast, du hast sie durch deinen eigenen freien Willen gebrochen. Du allein wählst, wo du dich in diesem Moment befindest. Wie Edgar Cayce, der „schlafende Prophet", schon sagte, Hilfe ist immer nur so weit weg wie der Wille, die Dinge zu richten: *„Die Seele muss nur durch ihre Reue anerkennen, dass sie vom rechten Weg abgekommen ist, und Hilfe wird ihr in genau derselben Proportion wie ihre Aufrichtigkeit zuteil.*

Sich vorzustellen, dass wir die Opfer eines rachsüchtigen Schöpfers sind, der Rückzahlung erwartet, um einen halb gebackenen Schwächling zufrieden zu stellen, ist der Grund, warum es die Doktrin der Hölle durch die ursprüngliche Sünde nicht lange geschafft habe zu überleben. *Der Schöpfer ist kein rachsüchtiger Gott; Karma ist einfach nur eines der Gesetze des Universums.*

Von all den Menschen, die nach Abadiania kommen, trägt nur eine geringe Prozentzahl eine Schuld des Karmas mit sich. Einigen dieser Menschen können Joao und die Wesen Erleichterung verschaffen, anderen kann geholfen werden, sich selbst zu heilen. Im Februar 1996 kam ein junger Mann im Rollstuhl zu Joao.

„Du gleichst die Schuld des Karmas aus, mein Sohn", sagte er. „Ich kann dir nicht helfen, aber wir können zusammenarbeiten und mit der Zeit wirst du wieder gehen können."

Der junge Mann fing an, anderen zu helfen, indem er Tragetaschen herstellte, in denen die Kranken ihre Kräuter tragen konnten. Jede Woche wurde er von den Wesen behandelt, und mit der Zeit wird die Schuld abgetragen sein und er wieder laufen können.

Lasst ihn sterben – es ist Gottes Wille

Immer wieder taucht die Frage nach „Gottes Willen" auf. Man hört den Ausspruch: „Es muss Gottes Wille sein, so lasst ihn sterben", über jemanden, der sterbenskrank ist. Es ist offensichtlich, dass nicht sie es sind, die krank sind. Unglücklicherweise gibt es hier eine ängstliche Meinung über einen rachsüchtigen und boshaften Gott.

Es ist aber realistischer, den Schöpfer als das Höchste an Mitgefühl und Erbarmen anzusehen, aber selbst Gott kann nur das seine tun. Es liegt an uns selbst, so viel wie möglich zu helfen. Hier ist eine bekannte Geschichte, um diesen Punkt zu illustrieren:

Während einer Überschwemmung infolge schwerer Regenfälle wurde dem örtlichen Priester von der Polizei geraten, die Kirche zu evakuieren, aber er lehnte in dem Glauben ab, dass Gott ihn retten würde. Es regnete immer weiter und der Priester war gezwungen, auf das Dach der Kirche zu steigen. Ein Rettungsboot kam und forderte ihn auf, einzusteigen. Er lehnte ab und sagte, Gott würde ihn beschützen. Als das Wasser so hoch stieg, dass er gezwungen war, auf die Spitze des Kirchturmes zu klettern, wurde ein Rettungsboot mit dem Bischof geschickt, der ihn anflehte, mitzukommen. Er lehnte ab, immer noch glaubend, Gott würde ihn im letzten Moment noch retten. Der Priester wurde von der Flut mitgerissen und kam schließlich im Himmel an. Sofort konfrontierte er St. Peter und beschwerte sich, dass er auf Gottes Rettung gewartet habe, aber zu seiner Enttäuschung zum Sterben zurückgelassen worden sei. St. Peter lief zu Gott und fragte ihn, und als er zum Priester zurückkam, sagte er ihm: „Wir haben alles getan, um dir zu helfen, wir haben die Polizei geschickt, das Rettungsteam und sogar den Bischof, aber du wolltest einfach nicht ins Boot einsteigen.

Wir sind verantwortlich für unser eigenes Leben, und wenn wir unseren Körper und Geist misshandeln, müssen wir dafür büßen. Aber zu raten, dass alle Versuche, einer schwer kranken Person zu helfen, eingestellt werden sollen, weil es „Gottes Wille" sei, mutet nicht nur naiv, sondern auch ignorant an. Damit ist aber nicht gesagt, dass manche Krankheiten nicht „reinigend" sind und ihre Stadien durchlaufen müssen, aber am Ende werden sie trotzdem eine Heilung erfahren. Unser freier Wille entscheidet über die Qualität unseres zukünftigen Lebens, das wir zu leben gewählt haben.

KAPITEL 11

WISSENSCHAFTLICHE BEOBACHTUNGEN

„Wissenschaft ist in Wirklichkeit eine Aussage eines Wertesystems. Was als „objektiver" Schritt in Richtung Realität aussieht – Analyse, Vorhersage, Kontrolle und Objektivität – sind in Wirklichkeit Aussagen über Werte. Es ist ein Vorurteil, das eine bestimmte Einstellung gegenüber Wissen bevorzugt."

Henry Reed, „Edgar Cayce Modern Prophet"

Fast alle Wissenschaftler, die hierher kommen, um Joao und seine wundersamen Heilmethoden zu testen, bringen in ihren weißen Kitteln Vorurteile und Skepsis mit. Einige reisen ab, völlig durcheinander; aber keiner verlässt den Ort mit einer immer noch funktionierenden Skepsis.

Viele Ärzte kommen nach Abadiania entweder offen oder versteckt. Einige kommen, um zu spotten, manche sind überzeugt, den Mann als Scharlatan bloßstellen zu können, und andere wiederum kommen, um von ihren Leiden geheilt zu werden; die meisten kehren zurück in der völligen Überzeugung, dass es hier ein wahres Phänomen in der Geschichte der Medizin gibt. Die übereinstimmende Meinung lautet: Joao ist unglaubwürdig – trotzdem, die nackten, klaren Beweise über den Erfolg seiner Operationen lassen ihnen keine andere Möglichkeit, als das Unglaubliche zu glauben – *dass es ein authentisches übernatürliches Phänomen der Medizin ist.*

Feindseligkeiten durch Angehörige einiger medizinischen Berufe sind verständlich, nicht nur aus der Sicht der Konkurrenz, sondern auch aus Stolz. Die Bildungsvoraussetzungen für Ärzte sind in Brasilien genauso hoch wie in den Vereinigten Staaten. Vormedizinische Schulung, medizinische Schulung, Assistenzarzt usw. – all das kostet eine große Menge an Geld und Zeit.

Für einen auf dem Land geborenen Mann aus bescheidenen Verhältnissen einen solchen Andrang von international bekannten Menschen zu haben, berührt natürlich den Stolz vieler Ärzte. Diejenigen aus dem medizinischen Berufsstand, die über ihren Groll hinwegschauen, finden sich selbst in Erstaunen versetzt über das, was ihre Augen sehen und ihr Verstand krampfhaft versucht zu verstehen.

Joao wurde zum Objekt der Untersuchungen von wissenschaftlichen Teams aus Russland, Deutschland, den USA, Japan und Frankreich. Er ermutigt jede Art von Untersuchung seiner heilenden Fähigkeiten, in der Hoffnung, dass die medizinische Wissenschaft etwas von seinem Wissen für die Behandlung der Krankheiten der Menschheit nutzen kann. Traurigerweise aber wird trotz der Intensität und dem Erfolg der Untersuchungen nur wenig dieses gewonnenen Wissens in der westlichen Medizin angewandt.

Die U.B.M.-Studien

Die umfassendste und gründlichste Studie wurde von der Fakultät für klinische Biophysik an der Universität Dr. Bezerro de Menezes durchgeführt. *Die Universität sponserte die zweijährige Untersuchung eines wissenschaftliches Team*, geleitet durch Dr. A. Arlete Savaris, das Joao und die Aktivitäten im Zentrum beobachtete und jede Aktion von Joao studierte. Man testete, nahm Proben und verglich vor- und nachoperative Ergebnisse. Die Daten wurden wissenschaftlich gesammelt und 1995 veröffentlicht. Das umfangreiche wissenschaftliche Buch „*Curas Paranormais Realizadas por Joao da Faria*“ kann von der Universität oder im Casa de Dom Inacio bezogen werden. Es gibt wahrscheinlich keine intensivere Studie dieser Art von medizinisch orientierten, paranormalen Phänomenen. Leider wurde es jedoch nie ins Englische (oder ins Deutsche) übersetzt.

„Die meisten Ärzte erkennen, dass die Mysterien des Körpers und seine Funktionen wirklich und wahrhaftig jenseits unseres jetzigen Verständnisses liegen und dass ein spirituelles Wesen, das sich in einem physischen Körper manifestiert, wirklich ein erstaunliches Wesen sein muss. Unser heutiges Wissen ist bestenfalls unzureichend und Studienabschlüsse geben uns (nur) das legale Recht, das Wissen zu benutzen, das wir in unserem Studium erfahren haben."
William McGarey, Edgar Cayce on Healing.

Die Zusammenfassung der Resultate der Untersuchungen durch Dr. Savaris sind hier so gut wie möglich übersetzt. Die Studie macht folgende Aussage: „Der Grund dieser Untersuchung war, alle verfügbaren Daten über die paranormalen Heilungen durch Joao Teixeira da Faria, einem wirklich phänomenalen Talent in dieser unorthodoxen Wissenschaft, zu sammeln und zu vergleichen.

Es wurde beobachtet, dass Menschen, die Heilung suchten, nach Hause zurückkehrten, entlastet von Schmerzen und Hoffnungslosigkeit, als ob sie zu neuen Menschen geworden wären. Von dieser Zeit an zeigten sie auch Fürsorge für andere Menschen und suchten nach Wegen, anderen zu helfen (eine Veränderung in deren spiritueller und humanitärer Einstellung).

Menschliche Wesen sind kompliziert wie auch ihre Krankheiten und ihre Ängste; somit ist es schwierig zu verstehen, was in diesem kurzen Moment passiert, wenn sie sich einer paranormalen Heilung unterziehen. Einige Wissenschaftler bestätigen, dass Materie nicht aus einfachen Bausteinen geformt ist, sondern dass das Universum ein untrennbares Set ist, in dem ein Geflecht von Möglichkeiten existiert, die miteinander reagieren und verflochten sind. Einige Arbeiten zeigen, dass das

Universum selbst daraus hervorgetreten ist. Sie weisen nach, dass wir, aus verschiedenen Teilen des Ganzen bestehend, in das Stadium einer holistischen Existenz treten, die heilenden Energien vom Universum absorbieren und augenblicklich jeden und überall heilen können. Einige Heiler können dies tun, indem sie sich selbst mit dieser Kraft und den Patienten verbinden und die Energien dieser universellen Kraft übertragen. Es ist möglich, dass die heilende Kraft eine Phase der Harmonie unserer Quantenwellen ist.

Nach Newtons Theorie der getrennten Teile ist es möglich, mit positiver Energie Quantensprünge hervorzurufen. *Wenn wir Menschen Energiefelder sind, dann strahlen wir Energie ab, genauso wie wir Energie absorbieren.* In der Strömung eines höheren Bewusstseins ist es vielleicht möglich, fantastische Heilungen zu vollführen, und wenn dies mit spiritueller Unterstützung geschieht, wird das zu den Ergebnissen beitragen.

Das Energiemuster des Heilers (Joao) unterscheidet sich von anderen durch die Art, wie er seine Energien mit einer unbestritten spirituellen Verbindung in Gleichklang bringt, die den Mann mit seiner Essenz verbindet, wo es keine Grenzen oder Fronten gibt (Zeit oder Raum).

Das heilende Bewusstsein hat viele Ursprünge. Wenn es für Jesus wichtig war, andere mit seinen Aposteln und Jüngern zu heilen, *nehme ich an, dass es kein Privileg einer Religion, sondern des menschlichen Geistes ist.* Heilen ist nur die praktische Anwendung eines einfachen christlichen Grundsatzes. Die ersten Ärzte, häufig als Hexer verachtet, betrachteten physische, emotionale und spirituelle Teile als untrennbar. Sie benutzten natürliche Pflanzen, um Heilmittel in einer intimen Beziehung zwischen Mensch und Natur herzustellen.

Krankheit kann das Ergebnis einer nicht harmonischen Beziehung zwischen Körper, Geist und Seele sein. Aber der Mensch zieht es vor, durch seine Abneigung die Verantwortung für seine eigene Gesundheit zu akzeptieren, Viren und andere äußere Einflüsse zu beschuldigen. Untersuchungen weisen darauf hin, dass die meisten Krankheiten ihren Ursprung im esoterischen Körper haben, angefacht durch die falsche Nutzung persönlicher Energien (Wut, Frustration, Angst, Sorge usw.).

Die Fähigkeit zu heilen, ist so alt wie die Krankheiten selbst, aber erst seit kurzem zeigen Wissenschaftler größeres Interesse an dem Feld der paranormalen Heilung, in der die Methoden und Ergebnisse im Gegensatz zur engstirnigen Bildung von Wissenschaftlern und Forschern stehen. Eine ganze Menge zusätzlicher Untersuchungen bezüglich der Heilungsmethoden und -techniken unserer Vorfahren müssten durchgeführt werden. Zwar kann die Medizin der Zukunft nicht nur auf paranormalen Heilungsmethoden basieren und die exzellenten Fortschritte und verfeinerten Entwicklungen der modernen Medizin ignorieren. Aber man sollte die alternativen Methoden des Heilers akzeptieren, die deutlich gezeigt haben, dass sie positive Resultate bringen. Die Medizin der Zukunft sollte eine Verbindung dieser beiden sein, denn dadurch ist es möglich, alle Krankheiten zu besiegen – physische, mentale und spirituelle. Hoffentlich wird es in näherer Zukunft eine Union zwischen Physik, Medizin und übernatürlichem Heilen geben. Es gibt keine Magie, kein Mysterium. Die Energie ist, in letzter Instanz, die Energie, die in uns allen existiert."

Die Untersuchungen der spirituellen Operationen

Tests durch die Fakultät der Medizin, Bundesuniversität de Juis de Fora in Minas Gerais. Bericht von Alexander Moreira de Almeida, Tatiana Moreira de Almeida und Angela Maria Gollner in O IDEAL:

„Ungeachtet der Tatsache, dass spirituelle Operationen einen Mangel an ernsthaften Untersuchungen in wissenschaftlicher Hinsicht aufweisen, haben Presse und Öffentlichkeit im Allgemeinen ein großes Interesse daran. Es ist klar erkennbar, dass die meisten Meinungen in Zeitungen, Zeitschriften und dem Fernsehen von einem vorurteiligen Standpunkt ausgedrückt werden, entweder zustimmend oder ablehnend, je nach der Überzeugung des Einzelnen.

Laut Präsidentin der brasilianischen Spiritistisch-Medizinischen Gesellschaft, Marlene Nobre, werden viele Mediumheiler durch das Fehlen tief greifender Untersuchungen auf diesem Gebiet mit Abstand betrachtet.

Dessen ungeachtet, dass Tausende von Menschen auf der Welt in dieser unorthodoxen Weise geheilt werden, lehnen viele Wissenschaftler die Untersuchung dieses Thema ab. Sie nehmen an, dass es nichts weiter als eine Fälschung ist, die Einschnitte nur Tricks sind, das Blut nur Farbe ist und die Teile, die dem Körper entfernt werden, nur tierischen Ursprungs sind. Unglücklicherweise wird diese Meinung noch verstärkt durch jene spirituellen Chirurgen auf der ganzen Welt, die die Entfernung von Gewebe für wissenschaftliche Untersuchungen nicht erlauben.

In unseren Analysen suchten wir die Hilfe der pathologischen Abteilung des Universitätskrankenhauses auf. Unser Ziel war es, herauszufinden, ob diese Phänomene eine Fälschung sind oder der Wahrheit entsprechen, was weitere Prüfungen erforderlich machen würde. Für unsere Untersuchungen wählten wir ein Medium in Goiana aus, Joao Teixeira da Faria, der in der kleinen Stadt Abadiania arbeitet und über tausend Menschen am Tag behandelt. Außerdem ist er ständig angesichts seiner Behandlungen von international berühmten Leuten in den Medien.

Das Medium hat nur eine grundlegende Schulausbildung, er ist der Besitzer einer Farm in Anapolis und behandelt (ohne Bezahlung) Personen in einem Zentrum, das keinen spiritistischen Namen trägt. Er hat eine starke und entschiedene Persönlichkeit, aber jedes Wesen, das sich mit ihm verbindet, zeigt seinen eigenen Charakter; einige freundlich, einige unfreundlich und einige streng.

> „Gibt es einem nicht das Gefühl, dass wir kurz davor stehen, neue Wege zu finden (oder werden sie in den Aufzeichnungen der Antike wiederentdeckt?), um Heilung für den Körper, Hoffnung für den Geist und eine Richtung für das Wesen der Menschen auf Erden zu bringen." *Mary Ellen Carter, Hugh Lynne Cayce, Edgar Cayce on Prophecy.*

Es wurde beobachtet, wie jeden Mittwoch, Donnerstag und Freitag Menschen aus ganz Brasilien ankommen. Sie erhalten eine Behandlung für verschiedenste Leiden durch ein oder mehrere Wesen, die sich selbst in Joao manifestieren. Sie bekommen natürliche Kräuter oder – falls notwendig – eine spirituelle Operation.

Laut Aussage des Zentrums ist eine sichtbare Operation (mit Einschnitten) nicht notwendig, da alle Behandlungen durch unsichtbare Operationen (eine Operation durch die Wesen allein) durchgeführt werden können. Die Wahl liegt beim Patienten. Wir entschieden uns, die sichtbaren Operationen zu untersuchen, die vor der wartenden Menge ausgeführt werden. Wir filmten und fotografierten eine Serie davon. Die Patienten wurden untersucht und interviewt und sämtliche organischen Substanzen wurden für pathologische Untersuchungen an der Universität eingesammelt.

Keiner der Patienten erhielt irgendeine Form der Narkose und nur einer von ihnen sagte, er habe einen schwachen Schmerz während der Operation gespürt. Die benutzten Instrumente waren hauptsächlich Küchenmesser und Skalpelle, wobei keine Form von Antiseptika beobachtet wurde.

Wir beobachteten eine Reihe von Operationen, einschließlich des Abkratzens der Hornhaut des Auges und die Einführung einer an der Spitze mit Baumwolle versehenen, scherenartigen Pinzette in den nasalen Hohlraum. Weiter wurde das Ziehen eines Zahnes, Brust- und Unterleibsoperationen und die Entfernung eines Lymphoma (gutartiger Tumor), der hundertzwanzig Gramm wog, vom Rücken eines Patienten beobachtet. *Wir sind zu der Überzeugung gekommen, dass die Operationen in jedem Fall authentisch sind. Die pathologischen Untersuchungen zeigen, dass die entfernten Substanzen menschliches Gewebe sind und mit dem Ursprung verträglich.*

Es ist klar, dass weitere Untersuchungen dringend notwendig sind, um unser Wissen über dieses Thema zu vertiefen. Im Besonderen sollten die folgenden Themen untersucht werden: das Fehlen von Schmerz während einer physischen Operation selbst ohne Narkose und das Nichtvorhandensein einer keimfreien Wundbehandlung. *Es ist unsere Empfehlung, dass die Wissenschaft dringend mehr Zeit mit ernsthaften Untersuchungen auf diesem Gebiet verbringen sollte, was das Leben von Millionen auf der ganzen Welt verändern könnte."*

Die amerikanischen Untersuchungen

1992 stellte sich Joao auf einem Kongress von internationalen Ärzten gern zu einer Untersuchung bereit. Der Kongress wurde von kanadischen und amerikanischen Wissenschaftlern organisiert und in Caldas Novas abgehalten. Die Resultate waren eindrucksvoll, und viele der Skeptiker, die hierher gekommen waren, um das Gegenteil zu beweisen, reisten verunsichert und nicht wissend, was sie mit den Fakten anfangen sollen, wieder ab. Es ist schon schwierig genug, für einen wissenschaftlichen Verstand zu verstehen, wie es möglich ist, dass er derartige erstaunliche Operationen durchführen kann, aber es ist wirklich demütigend zu beobachten, wie ein Mann ohne jegliche medizinische Erfahrung *mehr erfolgreiche Operationen an einem Tag durchführen kann als die meisten medizinischen Zentren von Universitäten in einem Monat.*

Aura-Messungen

Es ist immer schwierig für die Wissenschaft, paranormale Phänomene zu untersuchen, da die Wissenschaft die fortlaufenden Aktionen messen und beobachten muss, was eher schwierig erscheint, wenn diese Handlungen durch Geistwesen ausgeführt werden. Wie auch immer, es gibt Dinge, die man messen kann, so zum Beispiel die Kraft von Joaos Energiefeld oder Aura während der Vereinigung und in seinem normalen Zustand, und man kann diese Daten mit der normalen menschlichen Aura vergleichen.

Am 9. Mai 1987 führte der Wissenschaftler Lloyd Youngblood, Präsident der amerikanischen Gesellschaft der (Wünschel-)Rutengänger, eine Reihe von Versuchen durch. Diese Untersuchungen zeigten die Stärke und die Ausmaße von Joaos Bioenergiefeld, das zwölf Mal so hoch war wie die normale Aura eines gesunden Menschen und zwanzig

Mal so hoch, wenn er in Verbindung mit dem Geist von Dr. Oswaldo Cruz stand. Die aufgezeichneten Messungen betrugen (in Metern):

normale menschliche Gesundheitsaura	*0.45*
Joaos normale Gesundheitsaura	*6.12*
Joaos vereinigte Gesundheitsaura	*9.12*
normale menschliche ätherische Aura	*0.04*
Joaos ätherische Aura	*0.95*
Joaos vereinigte ätherische Aura	*13.71*

Wissenschaftler sind von Natur aus skeptisch, und selbst wenn sie die Resultate sehen, müssen sie eine logische Verbindung zwischen Ursache und Wirkung finden. Das ist nicht immer möglich, infolgedessen müssen sie den Zustand des Patienten vor der Behandlung mit dem nach der Behandlung vergleichen und hier gibt es zweifelsfrei keine Konflikte. Es gibt unzählige Fälle von „Vorher"- und „Nachher"-Untersuchungen und Tausende von dankbaren Empfängern, die gerne ihre Aussagen dazu machen würden. Ein solcher Fall wird nachfolgend beschrieben, und es ist der Fall eines 23-jährigen Mannes, selbst Doktor der Medizin.

Beweiskräftiges Gehirntumorvideo

Dr. Klaus aus Minas Goias, der vor kurzem graduierte, wurde sehr krank, als sich bei ihm ein vier Zentimeter großer Gehirntumor entwickelte. Seine Familie konsultierte die besten Ärzte der Welt. Sie nahmen ihn mit nach Amerika und suchten die drei besten Spezialisten auf den Gebieten Neurologie, Krebs und Chirurgie auf. Die Prognose war nicht gut: Die Chance auf ein Überleben lag bei fünfzig Prozent und nur zwanzig Prozent Chance hatte er auf ein normales Leben, falls er überhaupt die Operation überstehen würde. Das Beste, was er erwarten konnte, war eine geringe Verlängerung seines Lebens als Gelähmter.

Da die Familie nur wenig zu verlieren hatte, suchten sie nach einer alternativen Antwort. Sie wussten von Joao, denn der Vater des jungen Arztes war selbst Arzt und arbeitete im Ministerium für Gesundheit für die brasilianische Regierung, wo er sowohl Einwände von medizinischen Vereinigungen als auch Briefe des Lobes über den „Wunderheiler von Abadiania" erhielt. Sie konsultierten Joao, der ihnen versicherte, dass eine spirituelle Operation durchaus durchführbar sei und eine vollständige Erholung mehr als nur eine Möglichkeit wäre.

Im November 1994 kam der junge Mann mit seinem Vater und zwei Ärzten, die den Tumor diagnostizierten, nach Abadiania. Er wurde in den Operationsraum gebracht und fiel für drei Tage und drei Nächte in ein Koma. In dieser Zeit wurde er durch die Wesenheiten operiert. Für drei Tage und Nächte reduzierte sein Körper physische Aktivitäten aus einem Minimum – kein Essen, kein Trinken, keine Bewegung. Als er am dritten Tag endlich aufwachte, wurde geraten, eine weitere Röntgenaufnahme zu machen. Der riesige Tumor war völlig verschwunden. Die Röntgenaufnahmen von vorher und nachher und die kritische Beobachtung von solch qualifizierten Ärzten formte ein medizinisch beobachtetes Phänomen. Alle waren bereit, eine Aussage zu machen, die den vor- und nachoperativen Zustand bestätigte. Am 15. November 1994 wurde ein Beweisvideo vor den Augen von Hunderten von Menschen produziert, in dem die Ärzte und der Patient ihre Beobachtungen und das erfolgreiche Ergebnis bestätigten.

Zuerst zeigte der Radiologe die voroperativen Röntgenaufnahmen und machte seine Aussage. Seiner Meinung nach gab es keine Chance eines Überlebens durch eine normale Operation. Dann sagte der junge Arzt aus: „Ich war zwei Monate in den USA unter medizinischer Beobachtung. Ich war im Krankenhaus mit den besten Ärzten", sagte er. Als der Interviewer fragte, was die Reaktion der Spezialisten nach der spirituellen Operation war, antwortete er: „Sie waren verblüfft, dass die

Röntgenaufnahmen kein Zeichen eines chirurgischen Einschnittes, an den Tumor zu gelangen, zeigten und dass ich mich in so einem außergewöhnlich guten gesundheitlichen Zustand befand."

Nach der Prüfung der Spezialistenberichte und der Röntgenaufnahmen wurde eine Aussage von Dr. Maureso de Veta vom brasilianischen Gesundheitsministerium gemacht. Er gab seine professionelle Meinung über die Nichtoperierbarkeit des Tumors bekannt und dass der Tumor tatsächlich nicht mehr existiere, wobei keine Zeichen eines operativen Eingriffes am Schädel zu sehen seien. Heute, zweieinhalb Jahre später, ist er gesund und ohne ein Zeichen des Krebsgeschwürs. Das Beweisvideo ist erhältlich beim Archiv des Zentrums.

Eine schwierige Aufgabe

Den medizinischen Wissenschaftlern gegenüberzutreten, die kommen, um zu beobachten, zu prüfen, zu testen und aufzunehmen, ist eine schwierige Aufgabe: Wo fängt man an? Es gibt so viel auszuwerten und zu klären.

1. Zuerst ist da ein Mangel an voroperativen Vorbereitungen. Der Patient ist bei Bewusstsein, völlig ruhig, entspannt und zeigt keinerlei Anzeichen von Angst, trotzdem haben sie weder Beruhigungsmittel noch eine Narkose bekommen. Patienten blieben während der ganzen Zeit der Operation völlig teilnahmslos, ohne einen Ausdruck von Nervosität oder muskulärer Verspannung; selbst bei Operationen, die unter normalen Umständen traumatisch wären.

2. Es fließt in der Regel sehr wenig Blut bei den Operationen und fast keines bei Einschnitten, die normalerweise stark bluten würden.

3. Die Instrumente sind nach westlichem Standard nicht sterilisiert. Oft sieht man Joao seine bloßen Finger in die Wunde einführen. Dies müsste zu riesigen nachoperativen Infektionen führen, aber in den über dreißig Jahren des Operierens wurde nicht ein Fall von Blutvergiftung berichtet.

4. Viele der chirurgischen Routinen können nicht einmal von den bestqualifiziertsten Ärzten durchgeführt werden.

5. Einige der Behandlungen sind jenseits des jetzigen medizinischen Verständnisses. Er führt achtundzwanzig verschiedene Operationen an verschiedenen Teilen des Körpers durch. Er führt eine scherenartige Pinzette bis zum Anschlag in die Nasenhöhlung und dreht sie, als ob er Großvaters Uhr aufziehen würde. In einem Fall wurde diese Technik angewandt, um sechs Knochenbrüche im Fuß eines Mannes zusammenzusetzen. Der Mann kam auf Knien zum Zentrum und verließ es auf zusammengesetzten Füßen. Er kehrte innerhalb einer Woche zu seiner Arbeitsstelle zurück.

Und doch gibt es Beweismittel im Westen, die solch eine Behandlung glaubhaft machen: Newsweek Magazin (8. November 1971) berichtete, dass Wissenschaftler an der Universität von Pennsylvania erfolgreich eine direkte, pulsierende, elektrische Strömung verwendeten, um die Heilungsrate eines Knochenbruches bei einem Patienten zu erhöhen. Das könnte einen Hinweis geben, wie Joao den Heilungsprozess ankurbeln konnte, indem er göttliche Energie benutzte, aber es erklärt nicht, wie die sechs Brüche sich von selbst zusammengesetzt haben.

6. Ebenfalls widerstreben seine Augenoperationen jeder Logik. Abgesehen von der Entfernung von Tumoren und Katarakten vom Auge selbst mit nicht sterilisierten Küchenmessern, führt er verschiedene Operationen nur durch das Schaben des Messers

über den Augapfel aus, was unter normalen Umständen unglaubliche Schmerzen verursachen würde. Seine Patienten zeigen keine Anzeichen von Unbehagen. Unter genauer Aufsicht finden es beobachtende Ärzte unmöglich, eine Erklärung zu finden. Einige berichten von einem seltsamen blauen Licht, das die Spitze des Messers ausstrahle.

7. Dann gibt es noch das Phänomen der unsichtbaren Operationen. Niemand berührt den Patienten physisch. Sie meditieren einfach nur und konzentrieren sich auf ihr Problem. Joao-in-Wesen betritt den Raum und gibt bekannt: „Im Namen Jesus Christus seid ihr alle operiert worden." Wissenschaftliche Beobachter können nur Patienten auswählen, die ein erkennbares voroperatives Problem aufweisen, vorzugsweise mit Röntgenstrahlen erkennbar, und sie nach der Operation untersuchen. Immer berichten sie von unglaublichen Beweisen eines inneren Eingriffs und dass sämtliche Anzeichen der Leiden (Tumore, Zysten, Gallensteine etc.) verschwunden sind.

8. Als ob er die Logik der Wissenschaftler außer Kraft setzen wollte, entfernte Joao ein Krebsgeschwür im Magen einer 80-jährigen Frau durch einfaches Blasen auf ihren Hinterkopf. Er tat dies nur, um zu demonstrieren, dass nicht er operiert, sondern der Spirit. Er könnte genauso gut einfach nur dastehen und würde dasselbe Ergebnis erreichen.

Das Schubert-Experiment

Im Dezember 1984 koordinierte der deutsche Wissenschaftler Dr. Klaus Schubert eine vereinte Untersuchung an der Universität Friburg, Alemanha in Rio de Janeiro. Teilnehmende Wissenschaftler waren Prof. Dr.

Bender des Institutes für Parapsychologie in Rio de Janeiro, Prof. Mario Amaral Machado, Geraldo dos Santos Sarti und Dr. Horta Santos.

Nicht alle diese eminenten Wissenschaftler waren Gläubige, aber am Ende der Experimentationsreihe waren alle einstimmig der Überzeugung, *dass Joao tatsächlich ein wahres paranormales medizinisches Phänomen sei.* Ein qualitativ hoher Dokumentarfilm wurde von dem Team über die Untersuchungen und Tests der sichtbaren und unsichtbaren Operationen gemacht. Der Film „*Medium Joao de Deus*" wurde von vielen Instituten in Deutschland studiert und im deutschen Fernsehen gezeigt. Dr. Schubert schloss seine Untersuchungen mit der Aussage ab, dass er sich geehrt fühle, diesen „wirklich bemerkenswerten Mann" getroffen zu haben und beobachten zu können.

Kräuter und Wasser

Ein großer Teil des Behandlungserfolgs im Zentrum wird durch medizinische Kräuter erreicht, die durch die Wesen vorgeschrieben und vom Hauspharmazeuten hergerichtet werden. Die Kräuter kosten drei US-$, wobei bis zu sechs Flaschen verschrieben werden können. Die Kosten decken gerade die Produktion der kompletten Mixtur, die bis zu hundertsechzig verschiedene Kräuter beinhalten kann. Joao erhielt die Anweisungen für das Sammeln und Präparieren der Kräuter von der einheimischen Wesenheit Cavoclo Gentile, als er als junger Mann durch entfernt gelegene Gebiete reiste. Er war mittellos, allein und hungrig, übernachtete auf kleinen Farmen und behandelte die dort lebenden Menschen, und als Gegenleistung für Heilung und spirituellen Rat wurde er mit Eiern, Hühnern und Reis versorgt.

Da diese Menschen nicht genug Geld besaßen, Pharmazeutika zu kaufen, suchte Joao die Hilfe seiner Geistwesen auf. Er wurde in einen

Wald geführt, wo man ihn unterrichtete, welche Kräuter er sammeln und welche Methode er für jede Art von Leiden anwenden sollte. Seither unterrichtet er seine Pharmazeuten, die Kräuter zu sammeln und zu präparieren, die eine große Rolle in der heilenden Behandlung spielen. Während eines Besuches in Colatina im Januar 1996 gaben sie über 15 000 Flaschen der Kräutermedizin in weniger als drei Tagen aus. Es war eine große logistische Übung, diese Menge von Abadiania abzutransportieren.

Das Zentrum verkauft auch behandeltes Wasser, das häufig in Verbindung mit den Kräutern wegen seiner medizinischen und heilenden Werte verschrieben wird. Schon vor langem haben Wissenschaftler herausgefunden, dass es viele verschiedene Typen von Wasser auf unserem Planeten gibt und einige von ihnen außergewöhnliche therapeutische Eigenschaften haben. Nach einem Artikel in der Januarausgabe von 1995 des wissenschaftlichen Magazins *Nexus* ist Wasser die „neue Quelle der Jugend".

Der Nobelpreisträger Szent-Gyorgyi, der das Vitamin C entdeckte, nennt Wasser „die Mutter und den Nährboden des Lebens. Wir neigen dazu, es zu ignorieren und suchen woanders nach der magischen Kugel oder geheimen Nährstoffen, die unsere Gesundheit, unsere Lebenskraft verstärken und unsere Lebensspanne ausdehnen". Alle Symptome des Alterns sind verbunden mit den freien Radikalen, die einen oxidativen Schaden anrichten. Es gibt einiges mehr in der Linie der Gewebebewässerung als nur das Trinken gewöhnlichen Wassers. Gewebewasser ist so verschieden von gewöhnlichem Wasser, wie es Milch von Apfelsaft ist.

Dr. Coanda, der Vater des Düsenflugzeugs, verbrachte sechzig Jahre seines Lebens mit der Untersuchung von Wasser und seinen medizinischen Effekten. Er sagte, dass der menschliche Körper zu siebzig

Prozent aus Wasser bestehe und das Gehirn sogar zu neunzig Prozent. Bestimmte Wasser, die man als „anomale Wasser" bezeichnet, beinhalten innerhalb ihrer Struktur das Geheimnis zum Umkehren des Alterungsprozesses. Er unternahm ausgedehnte Reisen und fand fünf Plätze, die „anomales Wasser" aufwiesen. Zwei dieser Plätze waren das Hunza-Land im Norden Pakistans und die Vilcabamba in Ecuador. Es ist für Anthropologen faszinierend zu sehen, wie die Leute in diesen Gegenden weit über hundert Jahre alt werden, und das gesund und frei von Krankheiten.

Nach zwanzig Jahren des Experimentierens reproduzierten die Wissenschaftler Patrick und Gael Flanagan Coandas anormales Wasser, das unterschiedliche Eigenschaften gegenüber normalem Wasser auswies: Oberflächenspannung, freie Energie, Hitzekapazität, Viskosität sowie eine erhöhte Anzahl an negativ ionisierten Wasserstoffatomen. Sie kopierten einen „gallertartigen Mineralklumpen", der nur in den Hunza-Typ-Wässern gefunden wurde. Mineralklumpen dieser winzigen Größe haben ungewöhnliche Eigenschaften, die in keiner anderen Art von Materie gefunden werden. Elektronen können sich über der ganzen Oberfläche des Minerals bewegen, anstelle an einer lokalen Stelle gebunden zu sein, wie es in normalen Kolloiden der Fall ist. Diese „Elektronenwolken" formen negative elektrische Spannungen, die Wassermoleküle anzieht und sich in einer flüssigen Kristallstruktur organisiert.

Diese Struktur gleicht, anders als gewöhnliches Wasser oder Mineralwasser, dem Wasser, das in einem lebenden System gefunden wird. Wenn wir normales Wasser trinken, muss es erst in zellulares Wasser umgewandelt werden, bevor es vom Körper genutzt werden kann. Falls es nicht umgeformt wird, passiert es den Körper ungenutzt und lässt die Zellen teilweise dehydriert zurück. Die winzigen Mineralienklumpen, die in den Hunzawässern gefunden werden, ähneln denen, die in lebenden Systemen existieren. *Diese Mineralklumpen regen praktisch alle Nährstoffe an, mit denen sie in Kontakt kommen.* Darüber hinaus haben Studien gezeigt, dass unser Körper Wasserstoff im Gewebe speichert.

Wenn wir altern, könnte der Wasserstoffverlust zu Alterungssymptomen führen, wie Depression, unausgeglichener Hormonspiegel, Steifheit und schnelle Ermüdung. Es ist der Wasserstoff, der unsere Zellen von den oxidierenden freien Radikalen beschützt und Energie für die Zellen verfügbar macht, wenn die Nährstoffe von Sauerstoff verbrannt werden. Wasserstoff ist das ultimative Antioxidationsmittel. Die Konsumierung von Wasser des Typs Hunza mit seinem überragenden Verbreitungssystem könnte negativ geladene Wasserstoffione bereitstellen, die als perfekte Freie-Radikale-Zerstörer agieren. Es könnte außerdem in der Produktion von Adenosintriphosphat genutzt werden, der biologischen Batterie, die die Energie liefert, die der menschliche Körper braucht. Der Grund des Essens von Nahrung ist die Herstellung von Adenosintriphosphat.

Es ist wissenschaftlich bewiesen, dass bestimmte Wasser mit zu den wichtigsten Substanzen für die menschliche Gesundheit und Vitalität gehören. Es kann somit nicht überraschen, wenn die Geistwesen mit ihrem universellen Wissen uns mit einem medizinischen Wasser versorgen, das unsere Gesundheit verbessert. Mittlerweile existieren viele wissenschaftliche Studien über das Abadiania-Wasser, in denen die Forscher aussagen, dass es eine „definitive Änderung in der chemischen Zusammensetzung nach der ‚Fluidation' (ein Name, der benutzt wird, um die Änderung in der chemischen Zusammensetzung zu beschreiben) durch Joao-in-Wesen". Der therapeutische Nutzen wird von Tausenden gelobt, die immer wieder nach Abadiania zurückkehren, um ein paar Tage in der spirituellen Atmosphäre zu verbringen und ihr behandeltes Wasser mitzunehmen.

Joao ist immer bereit, sich für Untersuchungen oder Beobachtungen ernsthafter Forscher mit der Absicht zur Verfügung zu stellen, dass die Welt die Verbindung zwischen dem Menschen, seinem Geist und seinem Erschaffer besser versteht. Aber nur allzu oft versuchen die Wissenschaftler, ihn nur als Scharlatan bloßzustellen. Unfähig, eine objektive Analyse zu geben, betrachten sie es als paranormal und von geringer Bedeutung in ihrer kleinen wissenschaftlichen Welt. Leider wird auch Joao eines Tages von uns gehen und die Möglichkeit, sein Wissen zu nutzen, wird mit ihm gehen. Es wird ein großer Verlust für die Menschen sein.

KAPITEL 12

DIE WUNDER DER WELT ZEIGEN

„Eines Mannes Füße müssen in seinem Land stehen, aber seine Augen sollten die Welt überblicken."

George Santayana, The Life of Reason:
Reason in Society (1905-06)

Joao ist bereit, in jeden Winkel der Welt zu reisen, um die Kranken zu heilen, aber es gibt einige Schwierigkeiten jenseits der normalen Einschränkungen, die selbst den prominentesten Würdenträger abhalten würde.

Zunächst gelten die normalen Genehmigungen von Regierungen, Polizei und Behörden, inklusive der Zusage der ständig drohenden Fraktion aus dem medizinischen Berufsstand, und – in manchen Länden – die kirchliche Erlaubnis. Außerdem gibt es die Notwendigkeit, die immense Anzahl der Anfragen zu kontrollieren, und die persönliche Sicherheit, nicht unbedingt durch bewusste Aktionen gegen Joao persönlich, vielmehr wegen der unzählbaren Massen von Menschen, die seine Hilfe suchen und ihm folgen, wo immer er auch hingeht.

Es muss einen Schauplatz geben, die Tausenden unterzubringen, die kommen, um behandelt zu werden; es muss sicher und vorzugsweise auch Privatbesitz sein, sodass niemand das Geschehen mit irgendwelchen Rechten auf Besitztum stören kann. Stadien, Schulen, Gymnasien oder Ähnliches bieten sich durch ihre Größe und gemeinnützige Stellung an.

Die Frage der Kosten stellt sich infolge des Mangels an Einnahmen etwas kompliziert dar. Irgendjemand muss für die acht Leute seines

Teams bezahlen – Medien, Anwälte, Administratoren, Joao und seine Frau – für Flugtickets, Hotel, Sicherheitsteam und Transport. Menschenfreundliche Sponsoren können ihre Ausgaben nicht durch eine kommerzielle Bürgschaft abdecken oder durch direkte Bezahlungen zurückverlangen. Joao kann kein Entgelt für seine Arbeit verlangen und dasselbe gilt auch für Sponsoren.

Letztendlich möchte Joao auch seine Verantwortung in Brasilien nicht vernachlässigen, das heißt, einen wöchentlichen Service anzubieten – jeden Mittwoch, Donnerstag und Freitag in Abadiania –, für jene, die zum Teil Tausende von Kilometern reisen, um Heilung zu erhalten. Deswegen versucht er, wenn möglich, seine Reisen auf vier Tage zu beschränken und zur rechten Zeit wieder in Abadiania zurück zu sein.

Trotz der Hindernisse schafft er es, nach Bolivien, Paraguay, Portugal, den USA und Peru, wohin er fünfmal eingeladen wurde, zu reisen. Nicht alle diese Reisen dienten dem Zweck der Heilung. Während eines kurzen Urlaubs in Portugal wurde er so unruhig, dass er sich dazu hingezogen fühlte, seinen Service der Öffentlichkeit anzubieten. Seine Anwesenheit wurde durch die Presse bekannt gemacht. Die daraufhin einsetzende Nachfrage nach seinen Diensten, verbunden mit seiner eigenen Unruhe, führte zu einer Reihe von Sitzungen, die auf dem Grundstück der Vereinigung für Blinde in Lissabon abgehalten wurden. Hunderte reihten sich für eine Heilung ein, während die Presse kam, um ihn zu verspotten, jedoch ungläubig und staunend stehen blieben, als sie die bemerkenswerten Wunder beobachteten. Natürlich war da auch der Druck durch die medizinische Vereinigung, die fast zu einer Verhaftung führte, aber es wurde der Peruanischen Medizinischen Vereinigung überlassen, ihn unter Anklage zu stellen.

Im April 1991 wurde Joao mit einer Gruppe von dreißig Medien, Anwälten, Übersetzern und Krankenpflegern für einen Trip nach

Lima gebucht. Der peruanische Kanzler Luis Rosello, der von seinem Herzproblem geheilt wurde, sponserte die Reise. Die Peruanische Medizinische Gesellschaft grub das Kriegsbeil aus, veröffentlichte eine Aussage im Fernsehen, die Joao als Scharlatan bezeichnete, und dass sie ihn mit allen Mitteln der legalen Gesetzgebung verfolgen würden. Joao wurde letztendlich verhaftet und eingesperrt. Ein öffentlicher Aufruhr und eine nähere Untersuchung seiner Arbeit, möglicherweise durch den Druck der vierzehn Ärzte, die seine Hilfe für ihre eigenen Leiden in Anspruch genommen hatten, überzeugte die Gesellschaft, die Anklage fallen zu lassen und sogar eine neue Aussage zu senden, seine Arbeit sei authentisch. Joao kehrte sofort zurück, um weitere Kranke zu heilen.

Zu dieser Zeit gab es einen ernsthaften und weit verbreiteten Ausbruch von Cholera in Peru. Es existiert keine Schätzung, wie viele Choleraopfer von Joao behandelt wurden, aber Segundo Mota, der mit ihm reiste, glaubt, dass über die Hälfte der Leute, die zur Heilung zu ihm kamen, von der Krankheit befallen waren. So viele Peruaner suchten seine Hilfe auf, dass es notwendig wurde, ein Sportstadion zu mieten. Einem Bericht der französischen Presse zufolge, heilte Joao über 20 000 Menschen in fünfzehn Tagen, darunter auch den peruanischen Präsidenten Alberto Fujimori und seinen Sohn.

„Es gab das übliche Wegwerfen von Gehhilfen, Menschen bekamen ihr Augenlicht zurück und Tumore wurden entfernt." Der Präsident litt unter Atrophie der Hände, während den Sohn eine mentale Krankheit plagte. In Dankbarkeit überreichte ihm der Präsident eine Ehrenmedaille. Ein paar Wochen nach seiner Rückkehr nach Abadiania kamen drei Peruaner mit Cholera ins Zentrum. Sie waren seit zwei Wochen unterwegs und berichteten, das sie von mehr als zwanzig anderen Leuten wüssten, die auf dem Weg hierher seien. Der Staatssekretär für Gesundheit, Ernesto Marinho, kam zum Zentrum, um die Möglichkeit einer

Verseuchung zu untersuchen, wurde aber von Joao überzeugt, dass die Fälle geheilt werden können und kein Grund zur Besorgnis bestehe.

Detaillierte Aufzeichnungen seiner internationalen Reisen sind schwierig, weil es ein immens großes Verlangen nach dem Heiler und seinen Leuten gibt. Eine seltene Einsicht in die Vielzahl der Probleme und den damit einhergehenden Stress für alle Gruppenmitglieder, besonders für Joao, hielt während einer Tour in Peru im Januar 1994 der Richter Jose Liberato Costa Povoa in seinem Buch *„Joao de Deus, Fenomeno de Abadiania“* fest.

Diese Tour wurde geplant, um Puno zu besuchen, eine Stadt mit 400 000 Einwohnern, 1 000 Kilometer von der Hauptstadt Lima entfernt. Puno liegt am Ufer des Titicacasees, 3 840 Meter über dem Meeresspiegel. In dieser Höhe strengt selbst das Atmen an. Der Aufenthalt in der Höhe wurde noch durch ständigen Regen und eisige Kälte verschlimmert. Die Temperatur stieg selten über 8° C.

Die Tausende von Kranken und Verkrüppelten, die kamen, um ihn zu sehen, warteten zum Teil zwei Nächte unter diesen unzumutbaren äußeren Umständen. Joao und sein Team arbeiteten unter extrem schwierigen Bedingungen, aber er hatte die Einladung angenommen, diese abgelegene Gegend wegen der extremen Armut und dem schwierigen Leben der Menschen zu besuchen.

Richter Povoa berichtet, dass wahre Menschenmassen sich an jedem Flughafen auf dem Weg nach Puno versammelten. Als sie in der Morgendämmerung in Lima ankamen, waren sie geschockt zu sehen, dass der Flughafen mit Menschen überfüllt war, die in der Kühle des Morgens einen Blick auf Joao erhaschen wollten. Die Medien waren zahlreich vertreten, und es verging eine volle Stunde, ehe sich die siebenköpfige Gruppe auf den Weg ins Hotel machen konnte, um sich bis zu ihrem Abflug nach Arequipa am Abend auszuruhen. Arequipa war ein Zwischenstopp auf dem Weg nach Puno. Auch hier war der Flughafen überfüllt mit Menschen, die Joao de Deus zu sehen hofften. Letztendlich landeten sie in Juliaca und legten die letzten fünfundvierzig Kilometer nach Puno auf der Straße zurück.

In Juliaca waren die Behörden mit einer großen Sicherheitsmannschaft angetreten. Sie sollten die Massen kontrollieren und jede Art von unerwarteten Handlungen von Terroristen unterbinden, die die Möglichkeit nutzen könnten, die Aufmerksamkeit der Medien auf ihre Aktivitäten zu lenken. Als Zeichen der Wichtigkeit stellten die Peruaner eine Elitetruppe von hundert Männern bereit, die von Armee und Polizei ausgewählt und von zwei Generälen befehligt wurden; General Luis Paz Cardenas von der peruanischen Armee und General Luniciano Cesar Ramirez Vinatea von der peruanischen Polizei.

„Das Hotel dos Turistas war unter vierundzwanzigstündiger Aufsicht wegen Terroristen und der täglichen Invasion von Menschen, die in der Hoffnung auf Heilung oder einen Segen kamen", berichtete Liberato Povoa. „Die Strecke durch die Straßen, die zum Puno Schießklub führten, der als Heilungsort ausgewählt wurde, war von den Sicherheitsmannschaften gesichert. Es wäre für ihn unmöglich gewesen, durch die Menschenmassen zu laufen. Sie würden darum kämpfen, ihn zu berühren oder ein Stück seiner Kleidung zu bekommen, und das würde ein großes physisches Risiko für ihn darstellen", fügte er noch hinzu. Die Prozession wurde unter dem ständigen Heulen der Polizeisirenen von General Ramirez persönlich angeführt.

Die Entbehrung, die diese Art von Besuch für Joao mit sich brachte, ist von Richter Povao, der als Übersetzer für das Medium arbeitete, beschrieben worden.

„Obwohl die Arbeit jeden Tag um acht Uhr morgens begann, gab es keine festgelegte Feierabendzeit. Erst wenn der letzte Patient angehört wurde, häufig erst spät in der Nacht, hörte er auf. Auf dem Weg zurück ins Hotel wurden wir, von einer Sicherheitsmannschaft begleitet, immer mit einer großen Menschenmenge konfrontiert, und Joao bestand darauf, jedem Einzelnen zu helfen. Häufig waren wir erst gegen zwei Uhr morgens im Hotel und gegen sechs Uhr standen wir wieder auf, um von neuem zu beginnen. Am Ende jedes Tages waren wir völlig erschöpft, aber ich war im Besonderen über die Ausdauer von Joao erstaunt, der jeden Tag mit einem Glas Mamaosaft (Papayasaft) begann, den ganzen Tag nichts aß und erst spät abends eine kleine Mahlzeit zu sich nahm."

Angetrieben durch Fernsehen und Zeitungsberichte, machten sich Karawanen von Menschen auf den Weg nach Puno. Sie kamen aus den umliegenden Provinzen Cusco, Iquitos, Arequipa sowie aus den Nachbarländern Chile und Venezuela; und wie immer fiel ein Schwarm von Reportern in die Stadt ein, um das Medium zu interviewen.

Es wurde geschätzt, dass über 20 000 Menschen behandelt und über 1 000 sichtbare und unsichtbare Operationen durchgeführt wurden. Alles unter den wachsamen Augen von Inspektoren der Medizinischen Gesellschaft und des Ministerio Publico.

„Es ist schwierig", schreibt Povoa, „eine besonders spektakuläre Heilung herauszusuchen. Es gab so viele davon." Aber diejenigen, die deutlich in seiner Erinnerung blieben, waren folgende:

„Im Besonderen erinnere ich mich an ein Mädchen von dreizehn oder vierzehn Jahren, eine Tänzerin, die zu einer Volkstanzgruppe aus Cusco gehörte. Sie war Opfer eines Autounfalles und von der Hüfte an gelähmt; an Krücken schleppte sie sich heran. Joao massierte ihr die Beine und sagte zustimmend: ‚Lauf, du bist geheilt!' Unter ungläubigen Blicken kam sie aus der Menge hervor und warf symbolisch ihre Krücken weg. Sie ging mit Schwierigkeiten zuerst, aber ein wenig später, unter dem aufmunternden Applaus der Menschenmenge, ging sie fast ganz normal. Während der Interviews durch Presse und Fernsehreporter war ihr Gesicht überflutet mit Tränen der Dankbarkeit."

Eine spezielle Anfrage kam von General Cardenas – ob Joao sich nicht auch um etwa 1 000 Angehörige des Armeepersonals kümmern könnte. Unter diesen Patienten war ein Junge, in Puno gut bekannt, da er der Sohn einer prominenten Familie des Militärs ist. Eine unbekannte Krankheit lähmte ihn fast vollständig. Er konnte nur unter extremen Schwierigkeiten mit der Hilfe von Krücken laufen.

„Nur wenige, die ihn kannten, glaubten, dass er geheilt werden könnte", berichtete Povao, „denn er wurde schon ausgedehnten Behandlungen von Physiotherapeuten und Orthopäden unterzogen – doch ohne Erfolg. Als man ihm die Krücken wegnahm und er zu laufen begann, starrte die Menge ungläubig, und ich beobachtete, wie Tränen über das harte Gesicht von General Cardenas liefen."

„Am zweiten Tag", schrieb der gelernte Richter, „kam ein alter Mann mit einem Verwandten, der sagte, dass er seit vielen Jahren völlig taub sei. Joao legte seine Hände über beide Ohren, ehe er dann dem Verwandten sagte, er solle sich hinter den Mann stellen und leise seinen Namen rufen. Als Vincent seinen Namen hörte, drehte sich der alte Mann um, den Ruf zu beantworten. Er wurde zuletzt gesehen, als er aus der Halle geführt wurde, mit Tränen, die ihm übers Gesicht liefen."

„Ein anderer bemerkenswerter Fall ist der von Mario Garcia Noe von der nationalen peruanischen Polizei. Er war das Opfer eines Terroranschlages und seine Wirbelsäule verletzt worden. Diese Verletzung lähmte ihn von der Hüfte an. Zu der Zeit, als wir Puno verließen und nach Lima zurückkehrten, stand Kommandeur Mario auf eigenen Beinen und konnte mithilfe anderer erste Schritte tun. Es wurde ihm Hoffnung auf eine vollständige Genesung gemacht."

Am vorletzten Tag ging der Vorrat an „Fluidation"-Wasser zu Ende, und es musste neues aus Arequipa, dreihundertfünfzig Kilometer weit weg, herbeigeholt werden.

Am letzten Tag brachten die Menschen ihr eigenes Wasser in Plastikflaschen und sogar Plastiktüten mit, um es dem Prozess der „Fluidation" unterziehen zu lassen.

„Manchmal", sagte Povao, „war das Wasser so schmutzig, dass es aussah, als hätte man es aus einer der Straßenpfützen genommen. Das gab uns zu denken, denn Puno hat keine Sanitäranlagen und die Abwässer fließen frei auf die Straße. Peru ist auch eine bekannte Quelle von Cholera. Es war wie ein Wunder, dass es keinen einzigen Fall von Cholera während unseres gesamten Aufenthalts in Peru gab."

Abgesehen von den Problemen der Kälte, des Regens, der dünnen Luft und der unglaublich langen Stunden gab es noch eine andere Seite, die reiflicher Überlegungen bedurfte. Während der Tour bot ein großer Mineralwasserproduzent an, einen weiteren Trip nach Arequipa zu sponsern, aber mit der Einschränkung, dass sein Produkt das einzige sein dürfe, das für „Fluidation" benutzt und bei der Heilveranstaltung verteilt wird. Nach kurzer Überlegung lehnte Joao ab, da er befürchtete, dass sein Name kommerziell benutzt werden könnte. Joao akzeptiert niemals eine Einladung, die in irgendeiner Art und Weise Profit mit sich bringt. Eine andere Ablenkung kam mit dem Gerücht, dass Karten für eine Audienz mit dem Medium verkauft würden. Joao war sichtbar verärgert, hörte mit der Arbeit auf und drohte, sofort nach Brasilien zurückzukehren, wenn sich das als wahr herausstellen sollte. Glücklicherweise war das Gerücht falsch und die Arbeit wurde weitergeführt.

Am letzten Tag in Puno wurde Joao mit der Parade der gesamten peruanischen Armee der Provinz in voller Uniform honoriert, etwas, was normalerweise nur den Höchsten einer Regierung zuteil wird. Die

Truppen marschierten mit Respekt und Dankbarkeit in ihren Augen an ihm vorbei, trotz des Regens und der eisigen Kälte. Es war eine herzerwärmende Danksagung einer dankbaren Gemeinde, die Joao tief berührte.

Kapitel 13

DER EINSAME PFAD

„Der erste Test für einen wahrhaft großen Mann ist seine Bescheidenheit!"

John Ruskin, Modern Painters (1840-1860)

Von den Tausenden, die sich um Hilfe und Heilung an Joao wenden, sind sich nur die Wenigsten bewusst, welchen enormen Druck ihre Anforderungen an ihn stellen – als menschliches Wesen und auch als Medium. Trotz der endlosen Reihen von Leuten, die stundenlang warten, um mit ihm zu sprechen, ihn zu berühren, und seine Hilfe suchen, führt er ein einsames Leben. Selbst die Kinder des Hauses, etwa zweihundertfünfzig von ihnen, die ihre Zeit und Kraft opfern, das Zentrum am Laufen zu halten und mit spiritueller Strömung zu versorgen, können nur einen kurzen Einblick auf die Effekte erhaschen, die der konstante Druck auf sein persönliches Leben ausübt.

Er bemüht sich, seine persönlichen Probleme für sich zu behalten, sodass sie nicht zu seinem Schmerz beitragen. Aus Respekt wird nur wenig über sein privates Leben gesprochen, das auch einen hübschen Anteil an Kummer verbirgt. Abgesehen von dem Leben in Armut, in das er geboren wurde, gab es Hunger, physische Misshandlung, Anschläge auf sein Leben, Verfolgung und unzählige Verhaftungen. Joao verlor seine erste Frau unter furchtbaren Umständen und vor kurzem – wie geschildert – seinen engen Freund und Neffen bei einem Flugzeugabsturz. Jedes Einzelne dieser Dinge würden einen geringeren Mann sich mit Wut gegen seinen Schöpfer richten lassen, aber für Joao waren sie Prüfungen seines Glaubens.

Man könnte annehmen, dass er nicht zu leiden braucht, da er von den hohen spirituellen Wesenheiten geführt wird, und dass er niemals Einsamkeit, Verzweiflung oder Traurigkeit spürt – aber genau das Gegenteil ist der Fall. Es ist fast ein multiplizierender Effekt – *je größer die Mission ist, umso größer sind die Prüfungen und die Leiden.*

> „Keine Worte können gesagt und keine Lehren gelehrt werden, den spirituellen Reisenden zu erleichtern, von der Notwendigkeit seine eigenen Wege zu finden, mit großer Anstrengung die eigenen Pfade auszuarbeiten, die durch die einzigartigen Umstände im eigenen Leben hervorgerufen werden, um am Ende das individuelle Selbst in Gott zu erkennen."
> *M. Scott Peck, The Road Less Travelled.*

Eine solche Lebensaufgabe anzunehmen, heißt, Leiden, Verfolgung und eine enorme Verantwortung zu akzeptieren. Und als ob das nicht genug wäre, muss er auch noch durch die Augen seiner Wesen die Qualen beobachten, die jede einzelne Seele mit sich bringt. Die Auswirkungen dieser gesammelten Leiden der Massen zu bagatellisieren, wäre eine beschämende Ungerechtigkeit diesem Mann gegenüber. Es ist daher nicht ungewöhnlich, dass man ihm die Enttäuschung und die Frustration, die er in der Menschenmenge fühlt, jeden Tag anmerkt.

Eine junge Frau kam zum zweiten Mal zu ihm. Joao-in-Wesen starrte ihr in die Augen und schüttelte seinen Kopf voller Abscheu: „Du hast meine Arbeit verachtet und mich respektlos behandelt. Ich habe dich vor zwei Monaten behandelt, und du hast sie weggeworfen und meine Behandlung verspottet. Jetzt hat sich dein Zustand verschlechtert und du willst, dass ich dich nochmals behandle. Ich werde dich nicht behandeln, bis du Dankbarkeit und Demut gelernt hast", fügte er noch hinzu und legte symbolisch seinen Stift nieder. Die Frau fiel auf ihre Knie und weinte, aber Joao behandelte drei weitere (dankbare) Patienten, ehe er schließlich ein neues Rezept aufschrieb und es ihr mit einem Kopfschütteln und Seufzen, das tief aus seinen Inneren kam, übergab.

Was für eine Frustration stellt es dar, wenn man trotz Hingabe und Aufopferung für die nach Heilung Suchenden, mit ansehen muss, wie viele Patienten den Operationsraum nach einer lebensrettenden Operation verlassen, nur um eine Zigarette anzuzünden oder zu demselben alten krankheitsbildenden Lebensstil zurückzukehren.

Was motiviert einen Menschen, mit solch einer aufopferungsvollen Mission fortzufahren? Es gibt keine finanzielle Belohnung, keinen Notgroschen für den Ruhestand und keine goldene Uhr am Ende einer lebenslangen Hingabe im Kampf gegen die menschlichen Leiden. Es scheint, als ob seine Belohnung nur Verfolgung, Verachtung, Verhaftung und Ungerechtigkeiten sind. Wenn man ihn fragt, dann antwortet er mit einem Ausspruch aus der Bibel: „**Dies ist mein Gebot, dass ihr einander liebt, so wie ich euch geliebt habe. Niemand hat größere Liebe als die, dass einer seine Seele zugunsten seiner Freunde hingebe.**" (Johannes 15.12/13)

Joao hat viele Male zugegeben, dass seine größte Freude und Befriedigung die Dankbarkeit ist, die ihm jemand zuteil werden lässt, den er gerade geheilt hat. Wenn das so ist, dann müssen die Briefe der Dankbarkeit aus der ganzen Welt, die das kleine Büro des Zentrums jede Woche überfluten, eine Quelle von großer Glückseligkeit sein. Belohnungen kommen in vielen Formen: die Hingabe seiner freiwilligen Helfer, die hundert oder mehr Medien, die Tausende von Kilometern jede Woche reisen und in „Current" sitzen, oder das Lied des bekannten brasilianischen Sänger Alberto. Er wurde von einer schlimmen Krankheit geheilt und seine Worte sagen alles:

„Ich war schwer krank.
Die Ärzte gaben mich auf,
sagten, es gäbe keine Hoffnung.
Ein Freund sagte mir zu gehen, um Joao zu sehen.

Meine Rettung liegt im Haus Dom Inacio
inmitten von grünem Weideland.
Ich verließ das Haus völlig geheilt und glücklich.
Mit göttlichen Händen und spiritueller Kraft
sah ich Joao seine erstaunliche Heilung vollführen."

Das Lied wird jeden Tag im Haus gespielt, wenn Joao mit seinem Hauptwesen Dom Inacio vereinigt ist.

Worin besteht nun die Lektion, die du und ich von diesem bemerkenswerten Mann, seinen geliebten Wesen und aufopfernd arbeitenden Helfern lernen sollten, die geben, ohne die Kosten zu zählen, und deren einzige Aufgabe im Leben ist, Liebe und Hingabe zu spenden, um die Leiden ihrer Mitmenschen zu lindern.

Abgesehen von den ständigen Reparaturen, die sie an unserem kurzzeitigen Zuhause, dieser wundersamen, aber unbeholfenen Hülle, die wir unseren Körper nennen, ausführen, *schaffen sie in uns ein Bewusstsein für unser Schicksal, unsere Aufgabe in dieser irdischen Dimension und unserer spirituellen Herkunft* sowie ein Bewusstsein, dass diese physische Ebene, in der wir leben, nur untergeordnet ist und durch eine riesige spirituelle Welt dominiert wird, die uns in jedem einzelnen Moment unseres Lebens beeinflusst. Es ist das Bewusstsein, das, „was wir säen, werden wir ernten", und letztendlich werden wir durch Liebe und Respekt, Fürsorge und Erbarmen „nach Hause" zurückkehren.

„Wir sind keine Menschen, die eine spirituelle Erfahrung machen. Wir sind spirituelle Wesen, die eine menschliche Erfahrung machen."

(Pierre Teilhard De Chardin)

KAPITEL 14

KRANKENGESCHICHTEN

Gewidmet denen, die glaubten und eine zweite Chance erhielten

Obwohl die Erfolgsrate im Haus unwahrscheinlich hoch ist, irgendwo um die fünfundneunzig Prozent, treten nicht alle Heilungen auf der Stelle ein. Viele Faktoren beeinflussen die Erholungsrate: die Zeit, die das Gewebe braucht zu heilen, und für die Zellen, sich zu regenerieren; die Notwendigkeit für die Menschen, ihre Einstellung gegenüber Leben, Mitmenschen und ihrer Umgebung zu ändern; und weniger häufig das Karma. Oft sind mehrere Besuche notwendig, weil die Person spirituell noch nicht bereit oder die Krankheit so fortgeschritten ist, dass sie in mehreren Schritten behandelt werden muss. Trotz dieser Vorbehalte sind die Akten in dem winzigen Büro in Abadiania gefühlt mit Tausenden von eingeschworenen Zeugenaussagen.

Zudem tragen Zeitungen ständig Neuigkeiten von „wundersamen" Heilungen.

TRIBUNA, Vitoria, Sonntag 03.03.1996

Nach mehreren Operationen konnte Frau wieder laufen

Bevor Joao de Deus Maria de Coneicao Dalmacio behandelte, wurde sie zweimal von medizinischen Ärzten wegen einer verrutschten Bandscheibe operiert.

„Ich konnte keinen Schritt ohne meine Krücken mehr machen. Heute fühle ich mich wie eine andere Frau, und ich schaffe es sogar, die Treppen in meinem Haus zu waschen", sagte Maria, eine 40-jährige Hausfrau aus

Vitoria, Espirito Santo. „Ich werde nie wieder Krücken benutzen müssen", erklärte sie glücklich.

Als Opfer einer verrutschten Bandscheibe unterzog sie sich zwei Operationen in traditioneller Chirurgie, aber ihr wurde keine Hoffnung gemacht, dass sie jemals wieder laufen könnte. In ihrer Verzweiflung suchte sie Hilfe bei Joao de Deus und wurde von ihrem Problem geheilt.

Sie selbst sagte: „Ich hatte zwei Operationen, aber jedes Mal rutschte die Bandscheibe wieder raus, meine Beine verkümmerten und ich musste Krücken benutzen. Obwohl ich eine Pastorin der Eucharistischen Kirche bin und keiner meiner Freunde einverstanden war, wollte ich mehr als alles andere meine Gesundheit zurück.

Nachdem ich mich von sieben Uhr morgens bis drei Uhr nachmittags angestellt hatte, betrat ich das Krankenzimmer. Joao de Deus kam zu mir, legte seine Hände auf meine Beine und dann auf meine Wirbelsäule. Sofort nach der Behandlung warf ich meine Krücken weg und lief nach Hause."

BRAZIL CENTRAL, 8. März 1995

Mutter und Sohn geheilt

Frau Krug und ihr Sohn wurden im Haus Dom Inacio wundersam geheilt. Alessandro Nardes Krug, ein gesunder 15-jähriger Teenager, fühlte plötzlich unerträgliche Schmerzen in den Beinen, die ihn gelähmt und an den Rollstuhl gebunden zurückließen. Er unterzog sich ausgedehnten allopathischen Behandlungen und die Ärzte gaben schließlich zu, dass es sich um eines von vielen Dingen, einschließlich Osteoporose, Multiple Sklerose, oder eine verschobene Bandscheibe handele.

Sein Vater, Walter Krug, gab über 50 000 US-$ für die Behandlung seines Sohnes aus – ohne Erfolg. So entschloss er sich, ihn zum Haus Dom Inacio zu bringen, über das er in einer Fernsehreportage gehört hatte.

„Alessandro läuft jetzt wieder, als ob nie etwas gewesen wäre", sagte er. „Er wurde durch eine unsichtbare Operation, Kräuter und spirituelle Energie geheilt. Ich habe nichts bezahlt, außer den Kosten der Reise." Seine Frau, Terzinha Krug, konnte keine zwei Schritte ohne unerträgliche Schmerzen machen, die von einem bösartigen Tumor in ihrem Unterleib verursacht wurden.

„Ich wurde durch eine schmerzfreie chirurgische Entfernung des Tumors, ohne Betäubung, geheilt. Ein Eingriff, der nur fünf Minuten dauerte", erklärte Frau Krug.

Persönliche Beobachtungen des Autors

Am 12. September 1996 beobachtete ich die Entfernung eines sieben mal drei Zentimeter großen Tumors aus der rechten Schulter eines etwa 28-jährigen Mannes. Der Mann gab seinen Namen als Dr. Romeu Correira de Arauja Filho an und kam aus Goiania, GO.

Die Operation wurde beobachtet von Dr. Divaldo Matos Sautana, einem seiner Kollegen, Doktor der Gynäkologie und Geburtshilfe, und drei weiteren Ärzten.

Der junge Arzt wurde gebeten, in einem niedrigen Stuhl Platz zu nehmen. Ein Medium stand vor ihm, um die „Strömung" bereitzustellen, während Joao-in-Wesen einen etwa sechs Zentimeter langen Einschnitt am rechten Schulterblatt machte. Teile des Geschwürs wurden entfernt, ehe er sich seinen Weg zum Haupttumor bahnte und auch diesen entfernte; fast in einem Stück. Die Aushöhlung wurde dann mit „fluidiertem" Wasser betupft, um die Wunde zu sterilisieren. Zwei Nähte schlossen den Einschnitt und der junge Arzt ging in den Erholungsraum für eine nachoperative Ruhepause.

Die ganze Operation wurde durch die vier Ärzte und vielen Menschen in der Haupthalle genau beobachtet. Der Tumor wurde den Ärzten für pathologische Untersuchungen mitgegeben.

In einem späteren Interview mit den Ärzten waren diese völlig von der Echtheit Joaos und seinen Wesen überzeugt, und sie ließen keine Zweifel daran aufkommen, dass sich ihr Kollege wieder vollständig erholen würde.

Aus den Zeugnisarchiven des Hauses:

Gildo Felice lebt in Minas Goias und arbeitet für die Banco de Brasil. „Meine Krankheit begann in Rio de Janeiro, als ich den ganzen Tag in Räumen mit Aircondition arbeitete. Ich hatte große Probleme zu atmen, und selbst nach einer Versetzung nach Minas Goias verschlechterte sich meine Situation. Bis ich endlich zu einem Punkt kam, an dem ich nicht mehr laufen konnte. Ich ging zu verschiedenen Ärzten, die viele Tests unternahmen, aber letztendlich nichts feststellen konnten.

Ich wurde nach Sao Paulo geschickt, um einen Spezialisten zu konsultieren, aber auch der fand nichts, und so wurde ich in die Universitätsklinik gebracht, wo man mich eingehend untersuchte und testete. Letztendlich wurde ich als unheilbar nach Hause geschickt und war fortan ans Bett gefesselt. Ich las in der Zeitung über Joao und wusste instinktiv, dass nur er mich heilen könnte. Zweimal besuchte ich das Haus, und das Wesen Jose Valdivino operierte mich unsichtbar, während ich in der Menge stand. Ich konnte es nicht glauben, aber es war wahr. Nach Hause zurückgekehrt, ging ich zu den Ärzten und bat um eine neue Untersuchung, aber man fand keine Anzeichen einer Krankheit. Sie war verschwunden, und mein Leben mit meiner Familie und meinen Freunden ist einfach wunderbar."

Aus dem Zeugnisarchiv des Hauses:

Charles (Name wurde angegeben, aber auf Anfrage nicht verwendet) war seit achtundzwanzig Jahren Polizist und hatte einen Uni-Abschluss in Jura. Nachdem sich ein großer Tumor im Nacken entwickelt hatte, wurde er in Bello Horizonte operiert. Als sich der Tumor als bösartig herausstellte, unterzog er sich einer Strahlenbehandlung und Chemotherapie: sechsundzwanzig Sitzungen insgesamt, aber die Diagnose war nicht gut. Die Schmerzen wurden stärker und die Ärzte berichteten, dass sich der Krebs schnell ausbreite. Sie empfahlen ihm, sich weiteren Operationen zu unterziehen.

Seine Mutter riet ihm, Joao zu besuchen, und kurz darauf hatte seine Frau einen Traum von einem blauweiß gestrichenen Hospital und erhielt die Nachricht, dass dies der einzige Platz sei, an dem ihr Mann geheilt werden könne. Sein Vater brachte ihn zum Haus und Joao grüßte ihn, und während er noch seine Hand hielt, wurde er unsichtbar operiert. Ihm wurden einige Kräuter verschrieben und er konnte wieder nach Hause gehen. Charles hörte mit der Chemotherapie auf und innerhalb einer Woche begannen seine Haare wieder zu wachsen. Er kehrte nach Abadiania zurück, um seinen Gallenstein entfernen zu lassen. Das Wesen sagte ihm, er solle einen Ultraschalltest machen lassen, wenn er wieder zu Hause sei. Die Ärzte waren verblüfft. Es gab keine Entzündung und keinen Gallenstein mehr, aber ein inneres Zeichen, dass der Gallenstein entfernt worden war. Zur Zeit des Schreibens dieses Buches war Charles am Leben und gesund. Die Ärzte hatten ihm weniger als drei Monate zum Leben gegeben.

BRAZIL CENTRAL, 8. März 1995

Ärzte suchen Hilfe im Haus Dom Inacio

Nicht nur die einfache Bevölkerung sucht die Hilfe von Joao Teixeira da Faria auf. Menschen aus allen Schichten der Gesellschaft kommen zum Haus. Seron de Barros, ein Neurologe, der in der Avenion Santa Caterina 70, Vila Velha, wohnt, unterzog sich einer unsichtbaren Nierensteinoperation.

„Joao benutzte keine Narkosemittel", sagte er, „und ich konnte nichts sehen, was man als Scharlatanerie bezeichnen konnte; im Gegenteil, ich sah völlige Hingabe. Ich wusste, die Operation war absolut erfolgreich."

Doktor Nilton Ferreria, der in der „North Clinic Centre" in Brazilia arbeitet und seit siebzehn Jahren Physiotherapeut ist, sagte: „Meine ganze Familie wurde behandelt oder zog in der einen oder anderen Weise einen Nutzen vom Haus. In den letzten fünf Jahren habe ich das Haus besucht und arbeitete freiwillig und in Dankbarkeit für die guten Taten, die ich und meine Familie erhielten."

TRIBUNA, Vitoria, 03. März 1996

Spirituelle Behandlung eines Tumors

Grazielle Zeltzer Gazzini, ein lebenslustiges 18-jähriges Mädchen, begann gerade ihr zweites Jahr am College, als ihr Leben plötzlich eine scharfe Wendung nahm. Sie bekam starke Schmerzen in der Magengegend und an einer Seite ihres Kopfes und sie erbrach sich jeden Morgen. Nach vielen Tests und Untersuchungen war die endgültige Diagnose: Gehirntumor. Wenn sie sich einer Operation unterziehen würde, hätte sie eine Überlebenschance von zwanzig Prozent und selbst dann hätte sie nur noch fünf Monate zu leben.

Nach dreimonatiger Radium- und Chemotherapie konnte Grazielle nicht mehr gehen und nicht mehr sprechen, sie musste durch einen Schlauch gefüttert werden. Ihre Mutter, Ida Maria Gazzini, entschied, sie für weitere Untersuchungen nach Brazilia zu bringen, aber die Resultate gaben ihr keine Hoffnung.

„Grazielle wird nie wieder so wie früher sein", sagten die Ärzte. In ihrer Verzweiflung nahm ihre Mutter sie mit nach Abadiania, Goias, und suchte die Hilfe von Joao de Deus auf.

Heute, fast ein Jahr später, geht das junge Mädchen immer noch nicht zur Schule und muss in einem Rollstuhl gefahren werden, aber sie spricht wieder und streitet mit ihren Brüdern. Sie liebt es, sich schön anzuziehen und Lippenstift aufzutragen. Sie ist noch nicht völlig geheilt, aber ihre Mutter fährt mit der Behandlung fort und ist sicher, dass sie wieder völlig gesund wird.

Aus den Krankenakten des Hauses Dom Inacio:

Eine Frau (Name wurde angegeben, aber auf Anfrage zurückgehalten), die starke, traumatische Rückenschmerzen hatte, empfahlen die Ärzte, ihr drei Wirbel entfernen zu lassen und durch Platin zu ersetzen. Das Problem wurde noch durch ihr geschwollenes Herz verstärkt, was dazu führte, dass sie sich manchmal schwach fühlte. Sie trug Körperbandagen für elf Monate und war kaum fähig, sich zu bewegen.

„Mein Mann glaubte nicht an Joao und seine Wesen, so packte ich meine Tasche und verließ heimlich das Haus, um den Bus nach Abadiania zu nehmen", erzählt sie heute.

„Joao operierte an meinem Rücken und ich fühlte mich besser." (Die Frau hatte Joao nicht gebeten, etwas an ihrem Herzen zu tun. Der Autor.)

Als ich nach Hause zurückkehrte, wurde mein Sohn schwer krank und ich nahm ihn mit nach Abadiania, um Heilung für ihn zu bitten. Ich weinte, als Joao-in-Wesen auf mich zukam. Ich fragte nicht um eine Heilung für mich, denn ich war dankbar, dass meinem Sohn geholfen wurde. Das Wesen sagte mir, ich solle nicht weinen und ob ich auch geheilt werden wolle. Er nahm meine fünf Dioptriengläser und warf sie weg. Ich war fast blind, aber er gab mir mein Sehvermögen wieder und operierte an meinem Herzen. Er sagte: ‚Wer auch immer seine Probleme hierher bringt und Vertrauen hat, wird seine Probleme nicht wieder mit nach Hause nehmen müssen.'

Ich bin nur traurig, dass ich es ohne die Unterstützung meines Ehemannes hatte tun müssen. Aber er ist glücklich, dass ich gesund bin und unser Sohn sich besser fühlt."

Brief der Dankbarkeit, Florenz, 12. Juli 1996:

Lieber Joao,

ich schreibe, um dir für die unsichtbare Operation zu danken, die ich letzte Woche in Abadiania erhielt. Das Wesen Dr. Augusto de Almeida entfernte eine große Wucherung in meinem Dünndarm, Wucherungen von meiner rechten Niere und eine kleine murmelgroße Wucherung an meiner Kehle. Der Tumor im Dünndarm wurde vor einiger Zeit in Australien entdeckt, aber ich hatte zu viel Angst vor einer Operation, um ihn entfernen zu lassen. Ich kann dir und deinen Wesen niemals genug dafür danken, dass ich mich wieder besser fühle.

Vielleicht interessiert es dich, dass alle meine Freunde, von denen ich Fotos mitgenommen hatte, eine phänomenale Reaktion an dem Tag spürten, an dem du sie angesehen hast. Einige hatten Arthritis und die betroffenen Stellen schwollen unter Rötung und Ansammlung großer Flüssigkeitsmengen an. Innerhalb einer Woche ging die Schwellung zurück und die Probleme sind fast völlig verschwunden. Eine Frau, die chronische Psoriasis der Haut für die meiste Zeit ihres Erwachsenenlebens hatte, spürte einen starken Rückgang in der Aggressivität des Ausschlages, und ein anderer, der einen Anfall erlitt, scheint sich gut zu erholen. Darüber hinaus ist das Asthma fast völlig verschwunden, seit er mit den Kräutern anfing, die du ihm verschrieben hast.

Unser Besuch in deinem Hospital der Heilung war eine bemerkenswerte Erfahrung, und alle danken dir dafür, dass du dein Leben aufopferst, um deine Mitmenschen von ihren Leiden zu befreien.

Mit freundlichen Grüßen
Caterina Pellegrino
Via Del Corso, 16 Florenz

Persönliches Interview, 6. Juli 1996:

„Mein Name ist Danilo Tibirica Nunes. Ich lebe in der Joao Pessoa 1065/210 in Porto Alegre, Brasilien. Ich habe zwischen 1990 und 1992 in England gelebt, als ich an Krebs in der linken Brust erkrankte. Meine Operation beinhaltete die Entfernung eines großen Tumors in der Brust und die Entfernung von vielen Lymphknötchen unter den Armen. Danach folgten Chemotherapie und Bestrahlung. Ich war schwer krank während dieser Behandlung. Die Ärzte warnten mich, ich würde nur Zeit kaufen, denn der Krebs sei bösartig.

Ich kehrte nach Brasilien zurück und begann wieder mit meiner Arbeit. Fünf Jahre später wurde ich wieder sehr krank und meine schlimmsten Ängste wurden bestätigt, als ich erfuhr, dass ich Krebs in meiner Leber, in den Knochen meines Brustkorbes und in den Beinen hatte. Es gab wenig Hoffnung, aber ich begann erneut mit der Chemotherapie, da ich noch nicht sterben wollte. Ein Freund erzählte mir von Joao, und ich unternahm eine 35-stündige Busfahrt nach Abadiania. Ich wurde unsichtbar operiert und das Geschwür in der Leber verschwand. Die Behandlung meiner Knochen wurde mit Kräutern weitergeführt und ich fühle mich so viel besser. Hätte ich nur von diesem Platz erfahren, bevor ich meine erste Operation hatte. Ich hätte damals ohne die fürchterlichen Therapien geheilt werden können. Bitte benutze meinen Namen und Adresse als Nachweis."

Unterschriebene Zeugenaussage, 26. Oktober 1996

„Ich kämpfe schon acht Jahre gegen den Krebs. Mir wurde die rechte Brust entfernt und in der ganzen Zeit war ich unter Aufsicht in einer der namhaftesten Krebskliniken Europas, der Berner Steiner Klinik in der Schweiz. Mit einer vorsichtigen Diät, Drogen und Injektionen war es möglich, die Ausbreitung des Krebses zu verlangsamen. Aber letztendlich konnte ich noch bestenfalls zwölf Monate leben. Eines Tages im April 1996 als ich in meinem Herbalistenladen arbeitete, kam eine Frau mit Namen Caterina und ihr Mann herein und fragten, ob ich Kunden auf ihre Prana-Therapie hinweisen könnte. Ich schickte ihr einen Kunden, der mit glühendem Lob zurückkam, und so ging ich selbst, um sie zu konsultieren.

Ohne ihr von meinen Problemen zu erzählen, diagnostizierte sie alles richtig. Sie sagte mir, dass ich zwei Tumore im Nacken hätte, einen großen im Unterleib und einige Knötchen in der linken Brust. Sie erzählte mir ferner, sie könne mir helfen, aber mit so wenig Zeit läge meine einzige Chance auf eine schnelle Heilung bei einem Mann in Brasilien, den sie kannte.

In der ersten Juliwoche begleitete ich Caterina, ihren Mann Robert und meine beste Freundin Mara, die ähnliche Beschwerden hatte wie ich, nach Brasilien. Wir wurden unsichtbar von Joao Teixeira da Faria operiert, man gab uns Kräuter und wir kehrten nach Italien zurück. Caterina sagte uns, dass es einige Monate für eine völlige Heilung brauchen würde. Während dieser Zeit fühlten wir uns beide komisch: Perioden der Müdigkeit, hohe Temperaturen, schwache Schmerzen und Kopfscherz, aber diese Effekte waren offenbar normal und Teil des Heilungsprozesses.

Am 11. Oktober 1996 gingen Mara und ich zu unserer regelmäßigen Untersuchung in die Steiner-Klinik. Die Ärzte waren erstaunt. Mara wurde gesagt, sie sei völlig frei von Tumoren, und auch alle meiner Tumore waren verschwunden, bis auf einen, der aber schnell schrumpfte. Die Ärzte sagten, dass sie so etwas in all den Jahren, die sie in der Klinik arbeiteten, noch nie gesehen hätten. Nicht nur die Tumore waren verschwunden, sondern auch die Krankheit war in völliger Remission.

Ich lebe jetzt ein gesundes Leben, ohne Angst über diese tödliche Krankheit.

Gezeichnet
Deanna Rovacchi, Florenz, Italien

Das Verwaltungsbüro in Abadiania hat Tausende von Zeugenaussagen über erfolgreiche Heilungen in den Akten. Es gibt über 15 000 Stunden Videoaufzeichnungen von physischen Operationen. Die ungeheure Bibliothek ist für Untersuchungen und zum Erwerb der Videos jedermann zugänglich. Es ist schwierig, genau zu kalkulieren, wie viele Menschen Joao und seine Wesen insgesamt geheilt haben, zum einen, weil das frühe Leben Joaos nicht aufgezeichnet wurde, und zum anderen wegen der enormen Anzahl der Heilungen an nicht anwesenden Personen. Viele Personen, die hierher kommen, bringen auch Fotos von Freunden und Angehörigen mit, die um eine nicht anwesende Heilung bitten.

Selbst eine bescheidene Kalkulation würde die Gesamtzahl auf über fünfzehn Millionen Menschen bringen, die geheilt wurden. Die Bezeichnung „Wunderheiler" ist in der Tat eine würdiger Titel für Joao de Deus.

NACHTRAG

Joao und seine Wesen können erstaunliche Wunder im Heilen einer kranken Seele oder eines Körpers bewirken, aber die Ursachen für die Krankheiten liegen in einem falschen Lebensstil, spirituell und physisch. Es ist von wenig Nutzen, geheilt zu werden, wenn man seine Lebensweise nicht ändert oder die Umgebung, die die Krankheit hervorrief. *Es liegt bei jedem Einzelnen, sich selbst zu helfen und ein Wiederausbrechen zu verhindern, indem man ernsthaft auf seine Einstellung, Umgebung und Ernährung schaut.* Es ist völlig sinnlos, von einer Leberzirrhose geheilt zu werden, wenn man trotzdem fortfährt, Alkohol im Übermaß zu konsumieren. Der menschliche Körper ist ein lebender Organismus und braucht ständige Ernährung mit *lebenden Nahrungsmitteln – weder zerkocht noch verarbeitete Nahrung oder „Fast Food".* Die beiden Letzteren beinhalten Chemikalien, Farbstoffe, Konservierungsmittel und Geschmacksverstärker, für die unser Körper nicht geschaffen wurde.

Reduziere das Essen von Kuchen, Weißbrot, Keksen und allen anderen Produkten, die mit weißem Mehl gemacht werden. Sie haben keinen Nährwert.

Übermäßiges Kaffeetrinken überstimuliert das Nervensystem.

Alkohol zerstört Gehirnzellen, die nie ersetzt werden.

Süße Getränke (Cola, Fanta) und Eiscreme beinhalten zu viel Zucker, die den Körper in ein kurzzeitiges, unnatürliches Energiehoch springen lassen.

Rauchen verursacht Lungenkrebs, es wird vielleicht ein paar Jahre dauern, aber Rauchen wird letztendlich töten.

Ernähre dich einfach mit vielen lebenden Nahrungsmitteln – Salate, Gemüse und eine weite Palette an frischem Obst. Iss nicht zu viel rotes Fleisch, schaffe eine Abwechslung durch Fisch oder Geflügel.

Künstliche Süßstoffe: Konsumiere keine Diätgetränke oder Diätnahrungsmittel, die Süßstoffe enthalten wie Aspartam oder Nutri-Sweet. Es gibt unwiderlegbare wissenschaftliche Beweise, dass diese Produkte zerstörende Krankheiten hervorrufen, die unter dem Namen Aspartam-Krankheiten zusammengefasst werden.

Ungehindertes natürliches Licht: Setz dich jeden Tag so oft wie möglich natürlichem Licht aus, möglichst ohne Sonnenbrille. Unser Körper entwickelte sich als menschliches Wesen in natürlichem Licht in Millionen von Jahren. Unsere Augen nehmen Licht auf, durch den Hypothalamus dirigiert, um unsere Körperfunktionen zu regulieren. Wenn man diese vitale Lebensquelle künstlich zurückhält, greifen wir damit in die natürliche Fähigkeit des Körpers ein, sich selbst zu regulieren und zu heilen. Selbst Autoglas und Fensterscheiben blockieren wichtiges UV-Licht.

Reduziere deinen Stress durch mehr Zeit für dich selbst. Meditiere in einer ruhigen Umgebung so oft wie möglich; kommuniziere mit deinem Schöpfer. Lebe ein Leben des Friedens und der Harmonie mit deinen Mitmenschen und hilf anderen, die nicht so viel Glück haben wie du selbst.

Wenn Gott und die Geistwesen durch Joao eine zweite Chance im Leben bieten, ist es an uns, die Krankheit von einer Rückkehr abzuhalten, in dem wir unseren Lebensstil ändern.

Leben ist wertvoll. Pass gut auf dich auf, sodass du es genießen kannst.

Robert Pellegrino-Estrich

BIBLIOGRAFIE

Altea, Rosemary, The Eagle and the Rose, Bantam Books, New York 1995.

Alves, Carlos Joel Castro, Uma Missao de Amor, Editora Vitoria Ltda, Uberabe, Brazil 1995.

Brennan, Barbara Ann, Hands of Light, Bantam Books, New York 1995.

Cayce, Edgar Evans, Edgar Cayce on Atlantis, Time Warner Books, New York 1968.

Carter, Mary Ellen and McGarey, William A., Edgar Cayce on Healing, Aquarian Press New York 1972 und 1991.

Carter, Mary Ellen, Under the Editorship of Hugh Lynn Cayce, Edgar Cayce Modern Prophet, A.R.E. Press, Virginia Beach 1967.

Edwards, Harry, A Guide to the Understanding of Spiritual Healing, Healer Publishing Company, Guildford, Surrey 1974.

Fuller, John G., Arigo: Surgeon of the Rusty Knife, Pocket Books, New York 1974.

Kardec, Allen, The Book on Mediums, or the Guide for Mediums and Invocators, Samuel Weiser, York Beach 1970.

Jung, C. G., Memories, Dreams, Reflections, Fontana Press, London 1961.

Peck, M. Scott, The Road less Trevelled, Arrow Books, New York 1986.

Povoa, Jose Liberato Costa, Joao de Deus, Fenomeno de Abadiania, Editora Vitoria Ltda., Uberaba, Brazil 1996 Redfield, James and Adrienne, Carol, The Celestine Prophecy an Experiential Guide, Warner Books, New York 1995.

Reilly, Harold J. and Brod, Ruth Hagy, The Edgar Cayce Handbook for Health through Drugless Therapy, A.R.E. Press, Virginia Beach 1975.

Roberts, Jane, The Nature of Personal Reality, Amber-Allen, San Raffael 1974.
Murphy, Michael, The Future of the Body, Jeremy P. Tarcher, Los Angeles 1992.

Über den Autor

Robert Pellegrino-Estrich wurde 1995 durch einen Traum zum Haus Dom Inacio geführt. Nach fünfundzwanzig Jahren Karriere im Handel, schien die Logik, einem Traum zu folgen, unrealistisch. Er trotzte seiner Logik und reiste in die Hochebenenregion im Inneren Brasiliens. Was er dort sah, sollte sein Leben für immer verändern. Innerhalb von wenigen Wochen begann er, schwer kranke Menschen von Europa über den Atlantik zu begleiten. Sein eingehendes Wissen über Joao, dem „Wunderheiler", kommt von diesen Touren. Während dieser zwei Jahre erhielt er ein großes Wissen über den Heiler und das „Haus".

Hunderte von „hoffnungslosen Fällen" wurden in dieser Zufluchtsstätte behandelt, die jetzt ein gesundes und aktives Leben genießen. Drei Monate nach deren Behandlung wurden alle von ihren Ärzten als gesund bezeichnet, bei einigen von ihnen handelte es sich um die besten Spezialisten auf dem Gebiet der Leukämie, Osteoporose, Ophthalmologie, Krebs, etc. Dieses fordernde Unternehmen lieferte die Möglichkeit, Joao Teixeira aus erster Hand zu beobachten, und die eigene freiwillige Arbeit im Zentrum sowie die Verfolgung der Resultate jedes Klienten lieferten die Grundlagen für dieses Buch.

Trotz unzähliger wissenschaftlicher Studien und Tausender von Operationen, die auf Video aufgezeichnet wurden, ist dies das erste Buch, das nicht in Englisch geschrieben wurde. Es ist das einzige Buch, das sich bemüht, die Theorien zu erklären, die hinter diesem erstaunlichen Wunder stecken. Der Autor weißt darauf hin, dass Joao Teixeira der lebende Beweis der Wiedergeburt und auch der Fähigkeit der Menschheit ist, Ressourcen der Heilung anzuzapfen, die im Verlauf der modernen Wissenschaft schon längst vergessen wurden.

Geführte Touren zu Joao de Deus

Begleite Robert und seine Frau Caterina auf ihren Touren zu Joao für Heilungen oder erleuchtende spirituelle Erfahrungen. Caterina ist eine fähige Heilerin und wurde vor achtzehn Jahren durch eine Vision nach Brasilien geführt. Die Vision sagte ihr, dass dort ihre Mission beginnen würde. Über zwei Jahre lebte und arbeitete sie mit verschiedenen spirituellen Gemeinden in Brasilien, lernte die Landessprache und Spiritualität kennen. Heute befähigt sie ihr Kennen der Sprache und ihr Wissen über spirituelle Heilung, mit Professionalität und Geschick jene zu führen und zu leiten, die Hilfe im Casa de Dom Inacio suchen.

Robert erforscht spirituelles Heilen seit acht Jahren. Sein neues Buch „The Power to Heal" ist ein Textbuch über Energie und spirituelles Heilen. Robert spricht ebenfalls portugiesisch und hat, wie seine Frau, ein tiefes Wissen über die Vorgänge im Heilungszentrum von Abadiania. Zusammen haben sie „The Lady of Light Assn" aufgebaut – einen Wohltätigkeitsverein, um jenen zu helfen, die in Not sind, und einen Service vor Ort in Brasilien für Reisende anbieten zu können, die Joaos Hilfe benötigen. Dieser aufopferungsvolle Service nimmt die Sorgen vom Reisen von denen, die Hilfe bei Joao und den Wesenheiten suchen. Sie bieten Transport, Mahlzeiten und Unterkunft an, arrangieren Konsultationen mit Joao und übersetzen seine Instruktionen. Der Service beinhaltet eine tägliche Diskussion über die Probleme mit jedem Einzelnen und ihren Heilungsprozessen. Sieben Jahre Erfahrung des Helfens von Menschen im Casa de Dom Inacio ermöglicht es ihnen, einen vertrauenswürdigen und von Herzen kommenden Service anzubieten, um sicherzustellen, dass du die bestmöglichen Ergebnisse aus deinem Besuch bekommst.

Robert und Caterina können erreicht werden unter:

Lady of Light Assn.
P.O.Box 306, Cronulla
NSW 2230
Australien

oder

3141 S. Shields Ave. Tel. 1 (312) 842-4477
Chicago, IL 60616
USA

oder

Fazenda Capivari Tel. /Fax +55 (62) 343-1035
Avenida Frontal
Abadiania, GO
72940-000 Brasilien

E-Mail: llight@ozemail.com.au
robert@ladyoflight.com

Webseite: www.johnofgod.com
www.ladyoflight.com

Michaels Verlag & Vertrieb GmbH
Ammergauer Str. 80 - 86971 Peiting, Tel.: 08861-59018
Fax: 08861-67091, e-mail: mvv@michaelsverlag.de
Internet: www.michaelsverlag.de

Liberato Póvoa
Das Phänomen von Abadania
€ 9,90
ISBN 978-3-89539-480-5

Es gibt mittlerweile eine ganze Reihe von Büchern über das leben und wirken des begnadeten brasilianischen Geistheilers Joao Teixeira de Faria, allgemein als Joao de Deus bekannt und verehrt. Das vorliegende Werk wurde bereits 1994 geschrieben und zunächst in Brasilien veröffentlicht zu einem Zeitpunkt, als zwar schon Menschen aus den unterschiedlichsten Ländern die "Casa de Dom Inacio", jenes spirituelle Krankenhaus in Abadiania besuchten.Ehe in späteren Jahren faszinierte ausländische Besucher Bücher über die Heilungsarbeit von Joao de Deus verfassten und in ihren Ländern veröffentlichten, entstand mit diesem Buch ein authentisches Dokument, das auch 10 Jahre nach Erscheinen nichts von seiner Klarheit und geistigen Brillianz verloren hat.

Alfredina Arlete Savaris
Paranormale Heilungen
€ 16,90
ISBN 978-3-89539-481-2

Diese erstmals 1997 in Cuririba/Brasilien veröffentlichte Doktorarbeit von Alfredina Alrlete Savaris ist eine umfangreiche Studie mit 500 Besuchern des Heilungszentrums "Casa de Dom Inacio de Loyola" dem "spirituellen Krankenhaus" in Zentralbrasilien, in dem Joao Teixeira de Faria - von vielen Geheilten liebevoll Joao de Deus (John von Gott) genannt - Heilungssuchende aus aller Welt behandelt.

Josie Raven Wing
Das Buch der Wunder
€ 16,90
ISBN 978-3-89539-478-2

"Das Buch der Wunder" gibt uns einen tiefen Einblick in eine Welt, von der die meisten von uns nur träumen. In dieser Welt geschehen täglich Wunderheilungen - des Körpers, des Verstandes und der Seele. Die Liebe ist die führende Kraft des Lebens. Dieses Buch ist voller Inspiration und Hoffnung und ist ein wundervoller Bericht aus erster Hand über die Arbeit von Brasiliens berühmtesten Heiler Joao de Deus. Unbedingt denjenigen Menschen zu empfehlen, welche die Kunst des Heilens erforschen wollen.

Die Autorin berichtet von den alltäglichen Wunderheilungen, die in der Casa de Dom Inacio im Landesinneren von Brasilien, geschehen. Einer der berühmtesten Heiler, Joao de Deus (John von Gott) kümmert sich jeden Tag in der Casa und manchmal auch in anderen Teilen Brasiliens, um Hunderte, manchmal Tausende von Menschen. Während der letzten vier Jahrzehnte hat er Millionen von Menschen mit Krebs, AIDS, Blindheit, Asthma, Drogenaabhängigkeit und anderen Physischen, psychischen und auch spirituellen Problemen, geheilt werden.

Ellen Riedel
Organisches Germanium - die lichte Brücke zum ICH
€ 16,80
ISBN 978-3-89539-046-3

Krebs, AIDS, geschwächtes Immunsystem, Sauerstoffmangel im Blut und den Zelle - mit all dem wird organisches Germanium in Verbindung gebracht.
Krebs- und AIDS-Kliniken in den Vereinigten Staaten, die Patienten mit organischem Germanium heilen sind Realität. In Japan gab es eine intensive Forschung zum Thema organisches Germanium, aber auch in Deutschland wurde Forschung an dem Element betrieben. Was ist organisches Germanium, wie wirkt organisches Germanium, woher bekomme ich organisches Germanium?
Germanium aus dem Hause Sanum / Sanumgermanium kommt aus Deutschland und wird nur für den Export verwendet.

Alan E. Baklayan
Sanftes Heilen mit Biofrequenzen
€ 19,80
ISBN 978-3-89539-177-4

Zappen- das ist sanftes Heilen mit Biofrequenzen. Immer mehr Menschen fühlen sich für ihre Gesundheit selbst verantwortlich und wollen möglichst lang gesund leben .Dieses Buch informiert über die interessanten, fast revolutionären Möglichkeiten moderner und eigenverantwortlicher Gesundheitsvorsorge kompetent und in leicht verständlicher Weise aus der Sicht eines erfahrenen Biofrequenz-Therapeuten - die Arbeit und die Erfolge mit dem Zapper. Das hier vorgestellte neue Gesundheits-Selbsthilfe-System der Eigenbehandlung mit dem Zapper der neuen Generation eröffnet weitere Dimensionen gesundheitlichen Wohlbefindens. Nicht nur alltägliche Erkältungen und Grippe, sondern auch Diabetes, Gicht und rheumatische Beschwerden können durch diese Methode erfolgreich beeinflusst werden.

Michaels Verlag & Vertrieb GmbH
Ammergauer Str. 80 - 86971 Peiting, Tel.: 08861-59018
Fax: 08861-67091, e-mail: mvv@michaelsverlag.de
Internet: www.michaelsverlag.de

H.-C. Scheiner / Ana Scheiner
Mobilfunk -
die verkaufte Gesundheit
€ 24,90
ISBN 978-3-89539-170-5

Das hochinformative Buch Scheiners sensibilisiert die Wahrnehmung für ein wichtiges Thema, das von den Mainstreammedien bisher kaum beachtet wird. Andererseits schockiert es, legt es doch gesundheitliche Schäden offen, die von Mobilfunkbetreibern und Behörden ignoriert werden.
Ein wichtiges Buch, das die Gefahr beim Namen nennt und aufzeigt, wie wir uns wehren können.
-Der Zusammenprall der biologischen und technischen Informationstechnik
- wie technische Information zur biologischen Desinformation wird.
-Mobilfunksignaltechnik kann Erbgutschäden und andere Veränderungen, die stunden- und tagelang im Organismus nachwirken, hervorrufen
- Die verminderte und verzögerte Melatonin-Produktion, u.v.m.

Teresa M. Taddonio - VBCI e.V (Hrsg.)
Dr. Cècile Jadin
CFS - Chronisches Erschöpfungssystem eine Infektionskrankheit?
€ 19,80
ISBN 978-3-89539-483-6

Was ist CFS?
Wie entsteht CFS?
Wie behandelt man CFS?

In diesem Buch erklärt Dr. Jadin dem Leser die Hintergründe von CFS und die ursächlichen Zusammenhänge mit chronischen intrazellulären Infektionen.
Die Erscheinungen dieses chronischen, degenerativen Zustandes sind so vielfältig wie die daraus entstehenden Krankheitsbilder: CFS, Fibromyalgie, Hashimoto Thyroiditis Myokarditis, Endokarditis, Epilepsie, Multiple Sklerose bis hin zu Krebs.
Die Botschaft von Dr. Jadin ist: Nur durch die Erkennung und die zielgerichtete Behandlung der Ursache kann der Patient wieder gesund werden. Gleichzeitig stellt sie dem Leser ihre eigene Therapie dar.

J. Ullman / R. Ullman
Es geht auch ohne Ritalin
€ 21,90
ISBN 978-3-89539-071-5

"Bevor Sie Ihrem Kind Stimulanzien geben, lesen Sie dieses Buch!"

Immer mehr Eltern fühlen sich gezwungen ihren Kindern Psychopharmaka zukommen zu lassen. Aber braucht ihr Kind wirklich Psychopharmaka, um in der Schule und in der Gesellschaft zurecht zu kommen? Viele Tausenden von verzweifelten Eltern geben inzwischen in Deutschland ihren Kindern Stimulanzien, u.a. Ritalin für Verhaltens- und Lernstörungen, bei ADHS und ADS. Es gibt jedoch eine natürliche, ungefährliche Alternative um ADHS beizukommen.

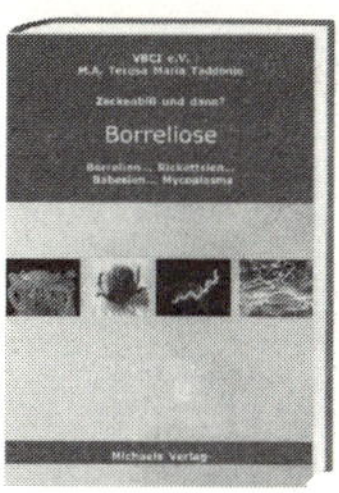

Teresa Maria Taddonio
Zeckenbiß und dann?
€ 19,80
ISBN 978-3-89539-475-1

Zeckenbiss und noch keine Diagnose. Was dann? Oder .... Diagnose Borreliose aber keine wirksame Therapie. Was muß man tun, um die richtige Diagnose und die richtige Therapie zur Wiedererhaltung der eigenen Gesundheit und Lebenskraft zu erlangen? Unerkannt schlummern Erreger nicht nur im Blut, sondern auch in den Zellen unseres Körpers. Ein Ratgeber, der Schwächen im medizinischen System aufdeckt und alternative Wege aufzeigt. Die in diesem Buch enthaltene Botschaft ist, daß die Heilung von Borreliose möglich ist. Sowohl dem von Borreliose Betroffenen aber auch dem interessierten Arzt werden somit neue Impulse, Hoffnung und Mut gegeben.

Tomas Eckardt
Befreiung aus der Angst
Theorie und Praxis
€ 14,80
ISBN 978-3-89539-464-5

Thomas Eckardt zeigt in seinem Ratgeber auf, was uns entsetzt, warum wir in Panik geraten und wie wir uns von der Angst befreien können. Nach Einführendem zum Thema werden Techniken beschrieben, die es dem Ratsuchenden ermöglichen, seine Ängste zu erkennen, an ihnen zu arbeiten, um ihren Kräfte raubenden Sog in positive, schöpferische Energie zu verwandeln. Um das Gefühl der Angst zu bekämpfen, gilt es zunächst, sie zu erkennen, da viele Menschen ihre Ängste - meist unbewusst - verdrängen. Ein erster Schritt ist es, sich keine Ängste von außen suggerieren zu lassen und gleichzeitig unbeeinflusst in sich hinein zu hören.

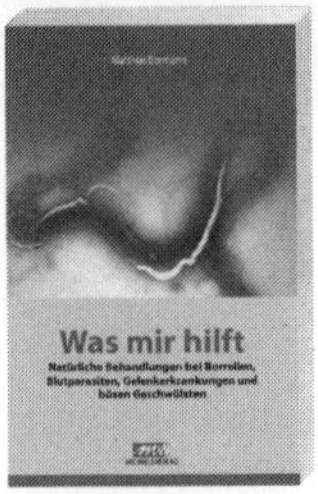

Matthias Bormann
Was mir hilft
€ 19,80
ISBN 978-3-89539-484-3

Ein etwas anderes Gesundheitsbuch. Erfrischend anders geschrieben treibt es den Lesern immer wieder ein Schmunzeln in die Augen wegen der natürlichen und manchmal etwas unbedarft wirkenden Herangehensweise des Autors. Matthias Bormann versichert den Lesern glaubwürdig, daß er all das, was er beschreibt, persönlich an sich selbst ausprobiert hat. Hier ein Einblick in das Inhaltsverzeichnis eines Buches, das von Anfang bis Ende voll ist mit wertvollen Tips, Hinweisen, Rezepturen und Gedankengängen, die dazu geeignet sind, nicht nur den Körper zu reinigen.

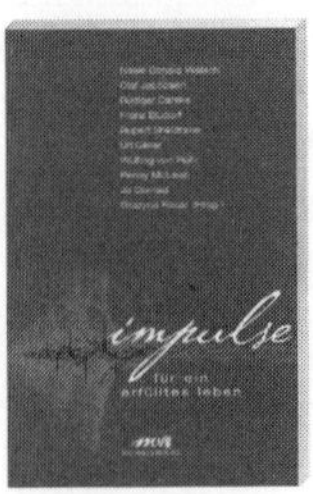

Impulse
für ein erfülltes Leben
€ 9,90
ISBN 978-3-89539-498-0

Beiträge von: Neale D. Walsch, Olaf Jacobsen, Rüdiger Dahlke, Franz Bludorf, Rupert Sheldrake, Uri Geller, Wulfing von Rohr, Penny McLean, Jo Conrad, Grazyna Fosar
Mit jedem Schlag unseres Herzens senden und empfangen wir unterschiedliche Impulse. Sie bilden ein subtiles, feinstoffliches Netz, das uns alle miteinander verbindet. Und wenn wir gelernt haben, auf das eigene Herz zu hören, haben wir eine Chance, in diesem zarten Netz bewußt unseren eigenen Platz zu finden.

Thomas Janßen
Stevia
Süßes Kochen und Backen mit Stevia
4-farbig
€ 12,80
ISBN 978-3-89539-099-9

Stevia ist in Südamerika und vielen anderen Ländern das traditionelle Süßungsmittel für Tee, Getränke, Koch- und Backspeisen.
Je nach Produkt und Sorte können Steviaprodukte eine Süßkraft haben, die dem bis zu 300 fachen Wert von Zucker entspricht.
Aufgrund seines natürlichen Vorkommen und der Eigenschaft Parodontose vorzubeugen, sowie der Eigenschaft nahezu NULL Kalorien zu haben wird Stevia als Süßungsmittel der Zukunft bezeichnet.